ゲオルク・ハインリヒ・フォン・ラングスドルフ著

ラングスドルフ日本紀行

クルーゼンシュテルン世界周航・レザーノフ遣日使節随行記

山本秀峰編訳

F1　著者肖像

ゲオルク・ハインリヒ・フォン・ラングスドルフ

(1774 – 1852)

ロシア皇帝アレクサンドル一世宮廷顧問

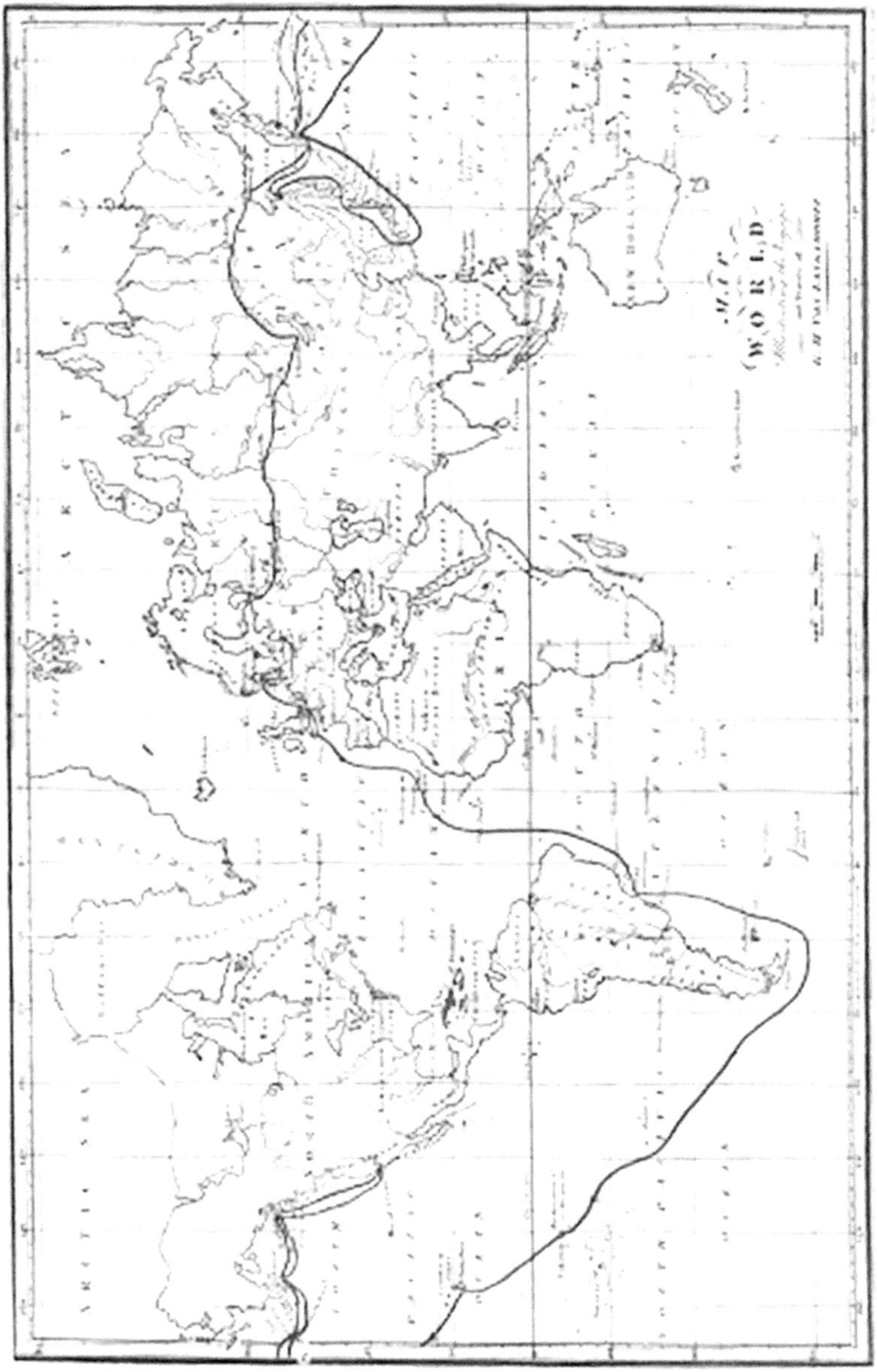

F2　ラングスドルフの旅行経路を示す世界地図
〔コペンハーゲン発、イギリス、大西洋、ブラジル経由、南太平洋マルキーズ諸島、ハワイ経由、カムチャツカ着。日本往復。アリューシャン、アラスカ、カリフォルニアの往復航海調査。オホーツクからシベリア大陸を横断し、サンクトペテルブルク帰着〕

F3　　神の島－長崎湾の風景（ラングスドルフ画）

F4　　日本の要塞（ラングスドルフ画）

F5　大村藩の兵士・役人の一隊（ラングスドルフ画）

F6　梅が崎のレザーノフ使節の住居（フリードリヒ画）

F7　使節の長崎上陸、奉行所への行列（ラングスドルフ画）

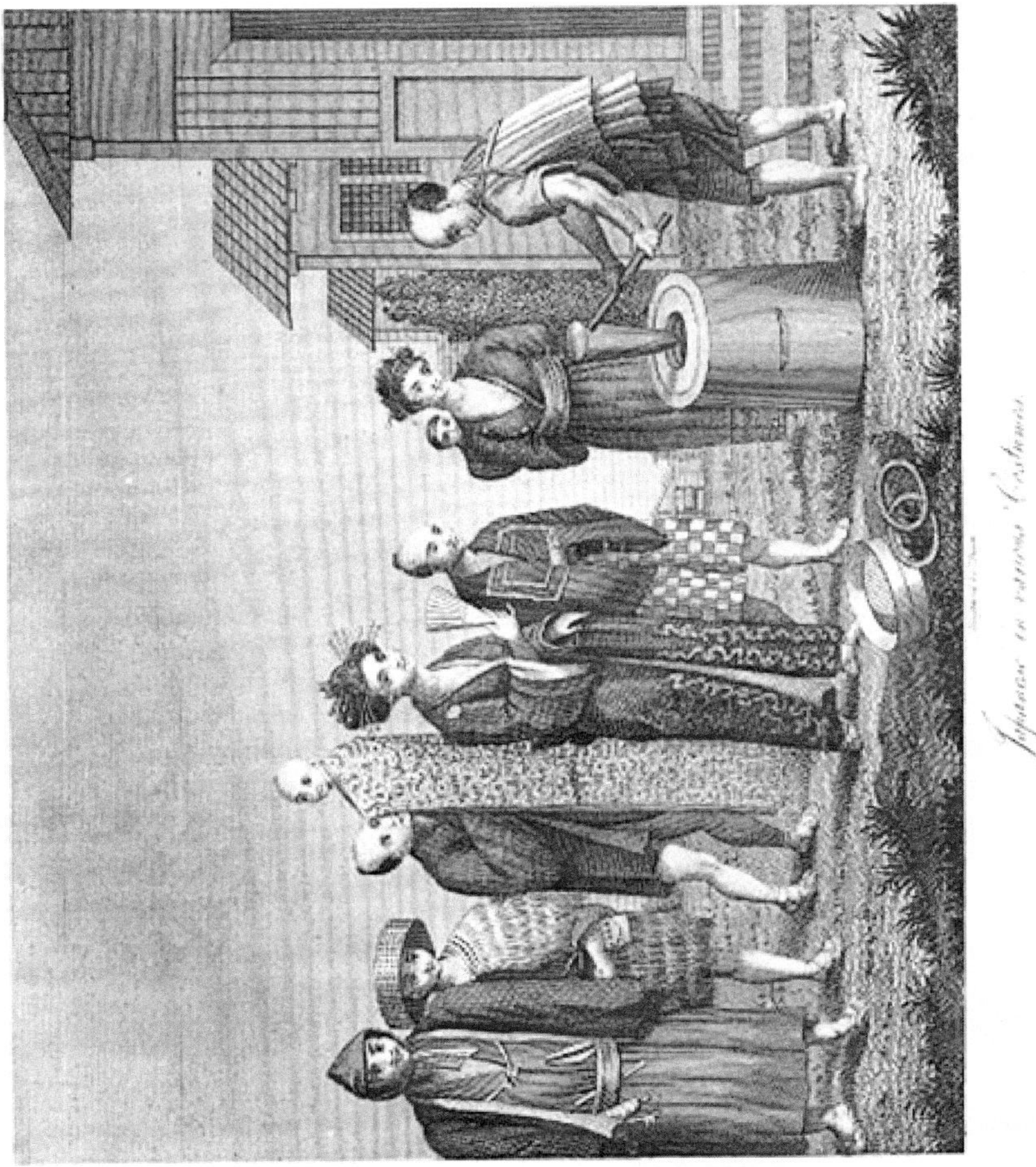

F8　様々な衣装を着た日本人（ラングスドルフ画）

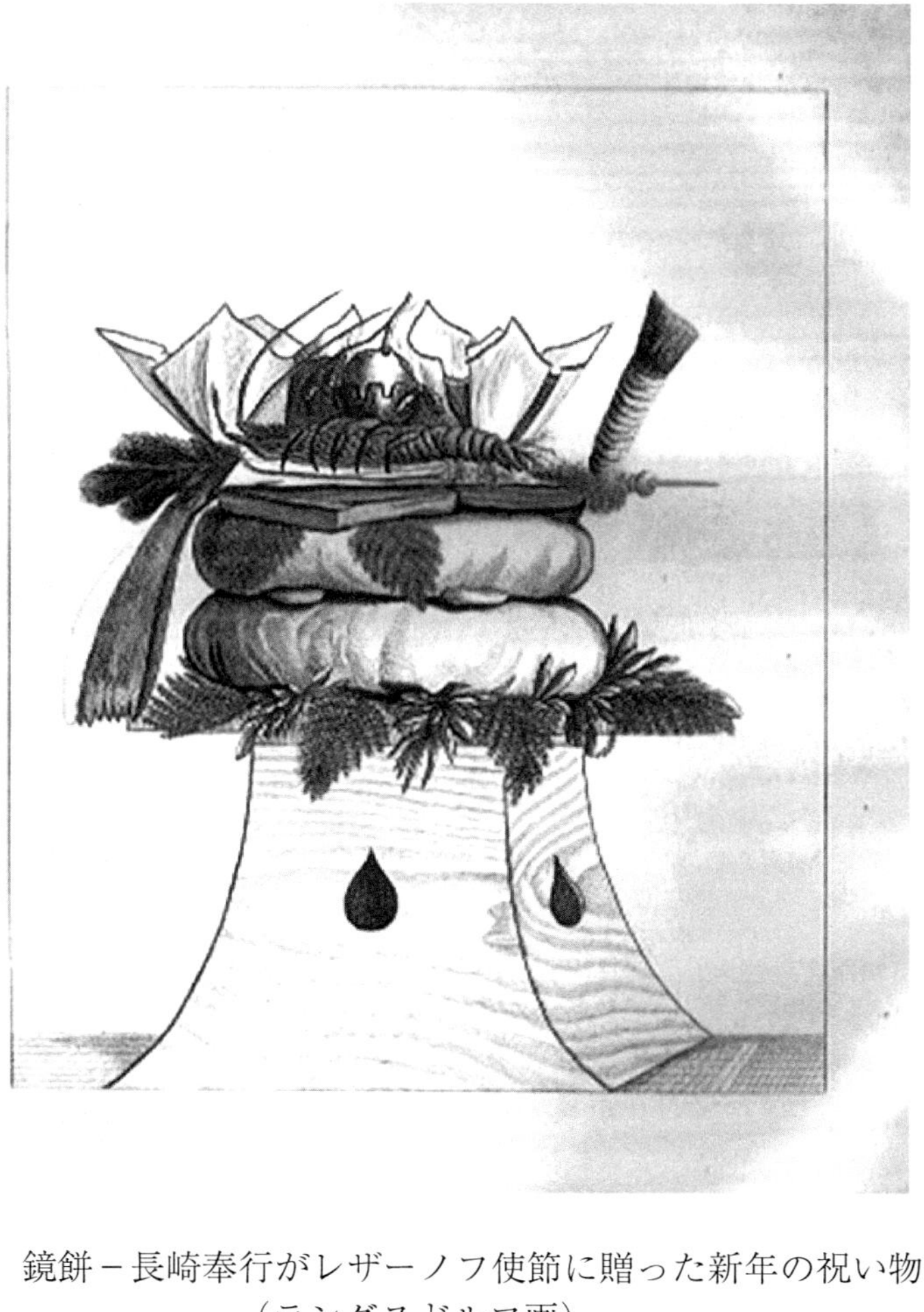

F9　鏡餅－長崎奉行がレザーノフ使節に贈った新年の祝い物
（ラングスドルフ画）

F10　日本人の顔の描写－通詞とその家紋（日本の紋章）
（ティレジウス画）

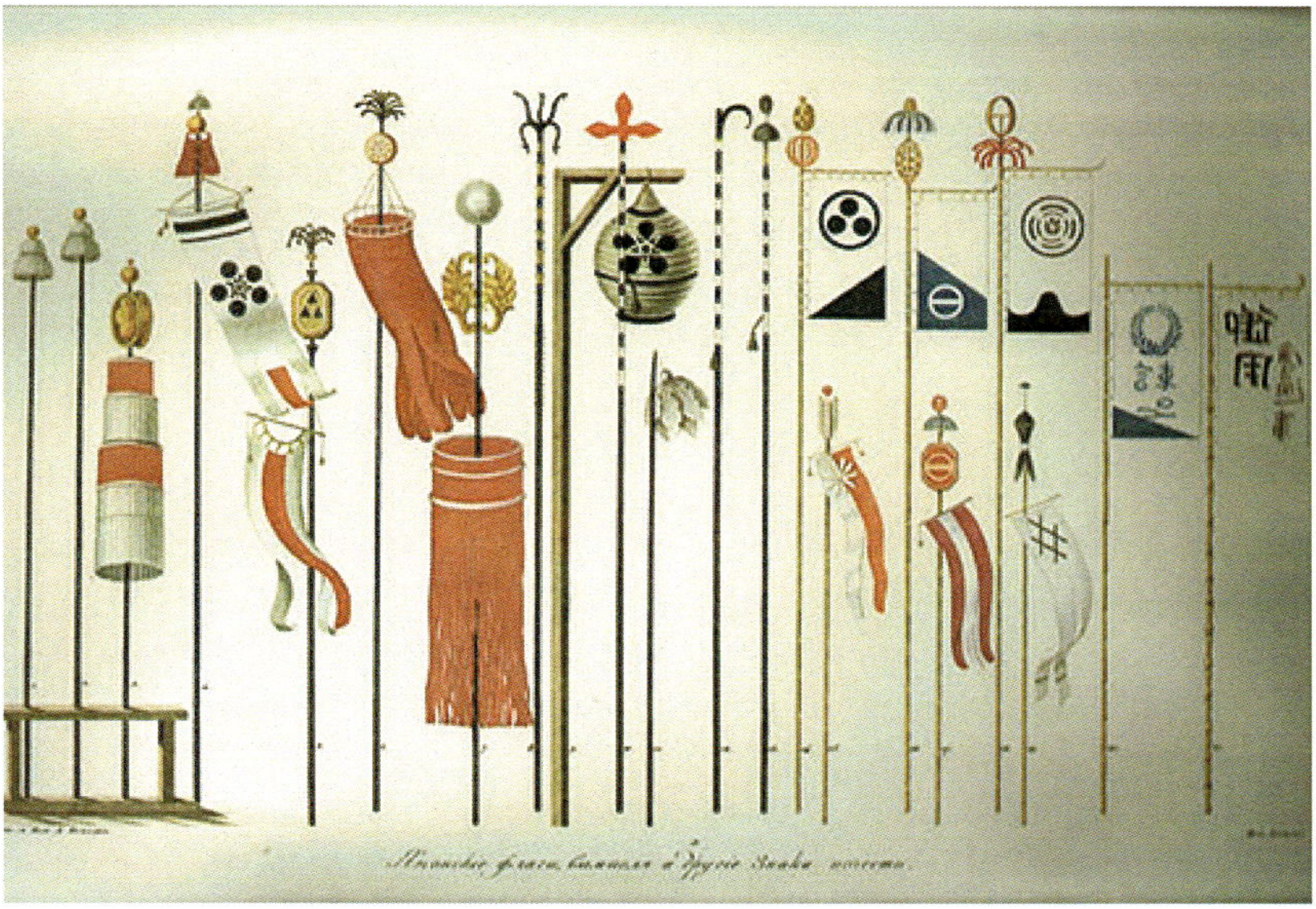

F11　日本人の幟、旗、その他の名誉を示す印（ティレジウス画）

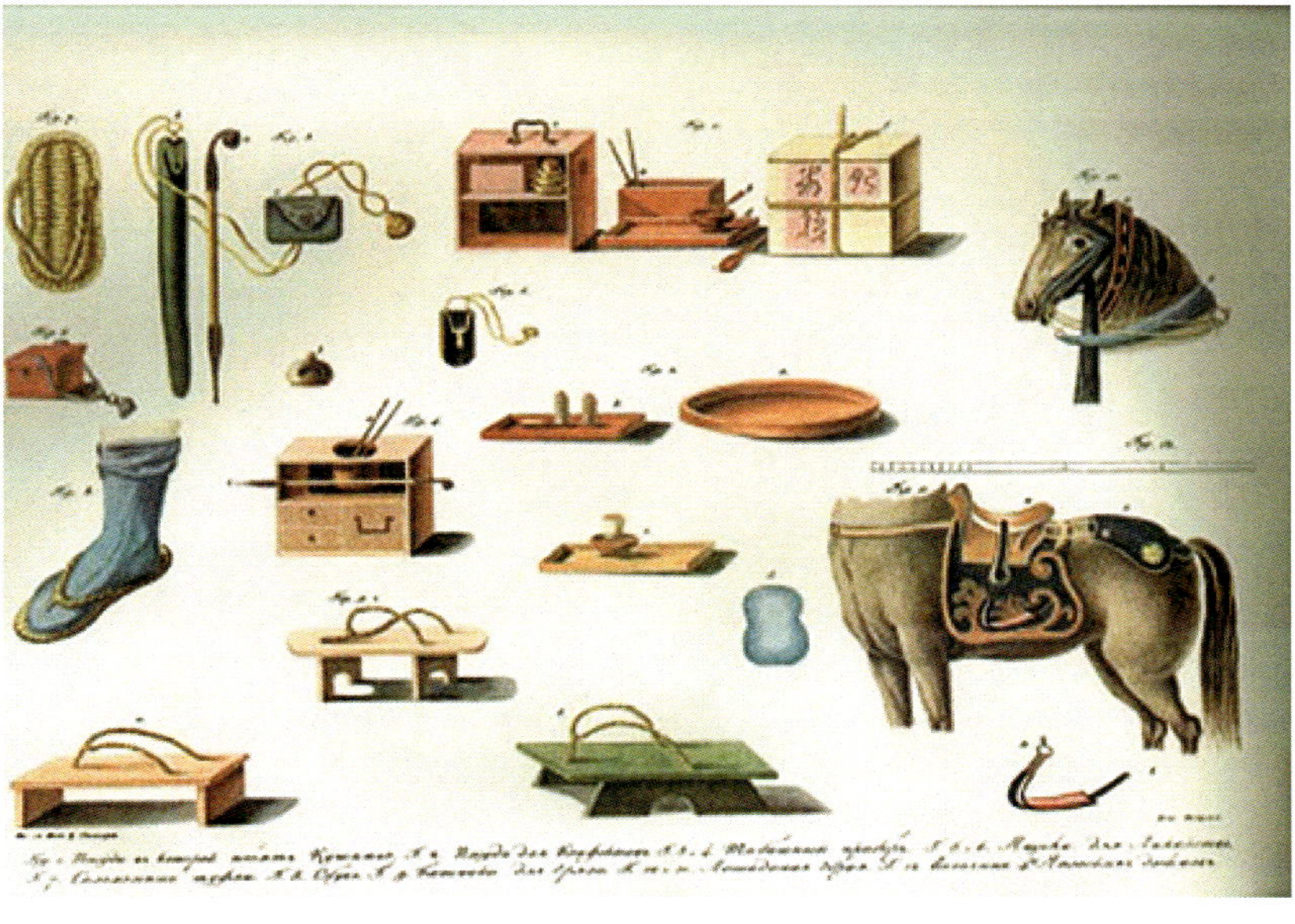

F12　日本人が足に履く物、鞍などの馬具、家具、調度品の見本（ティレジウス画）

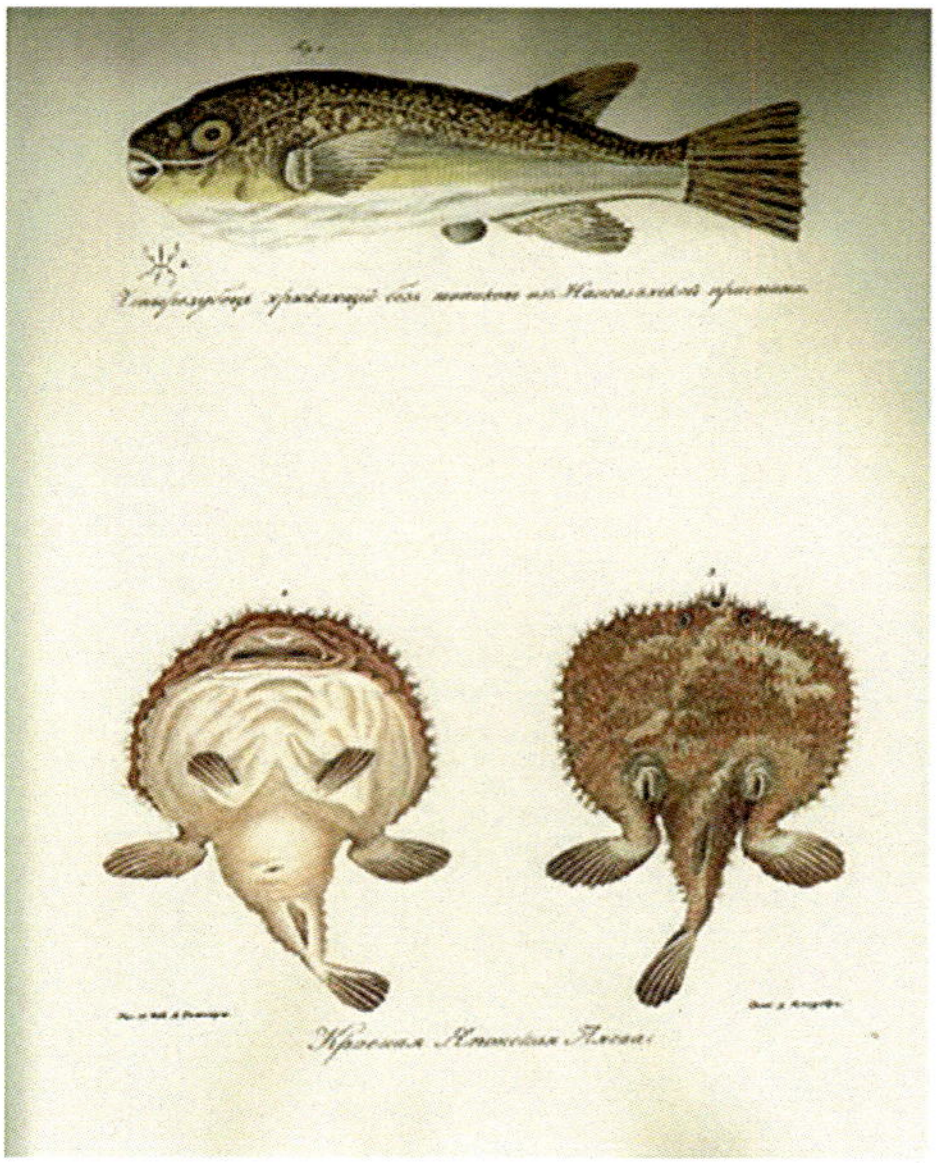

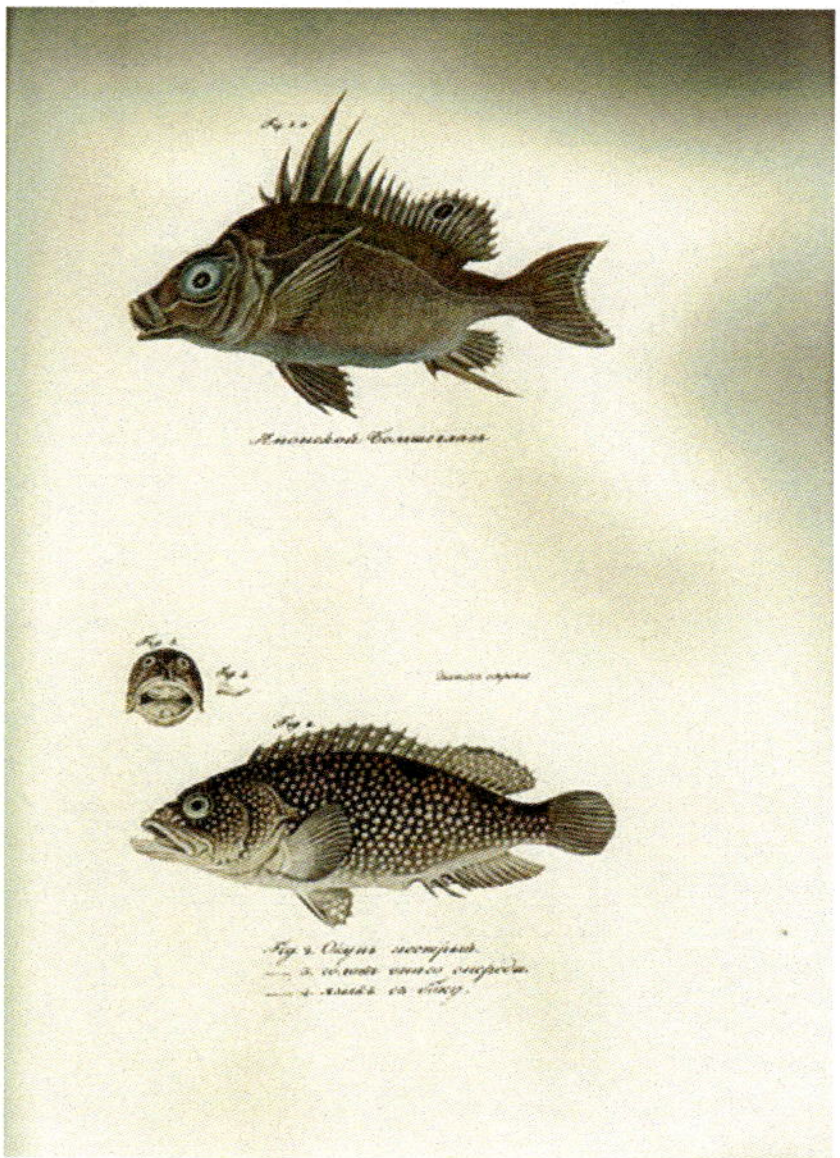

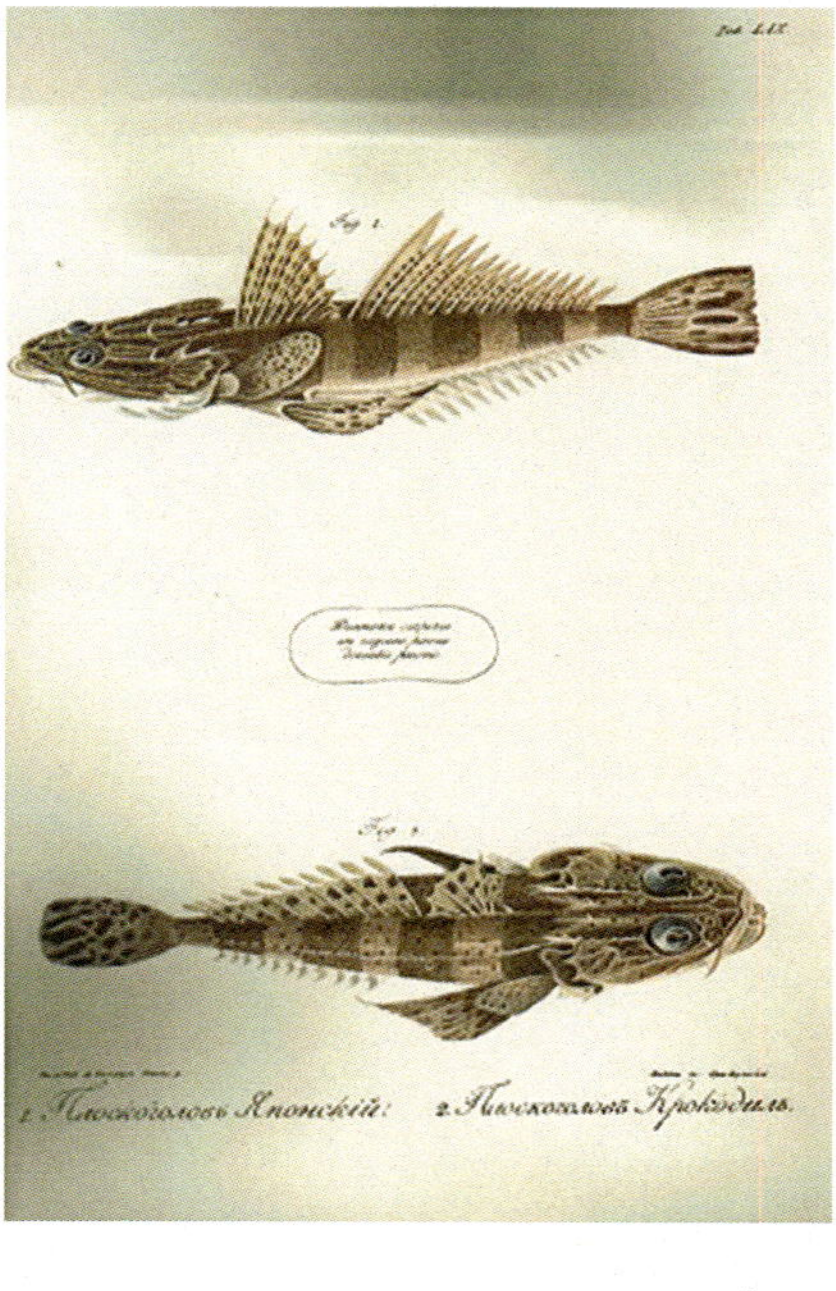

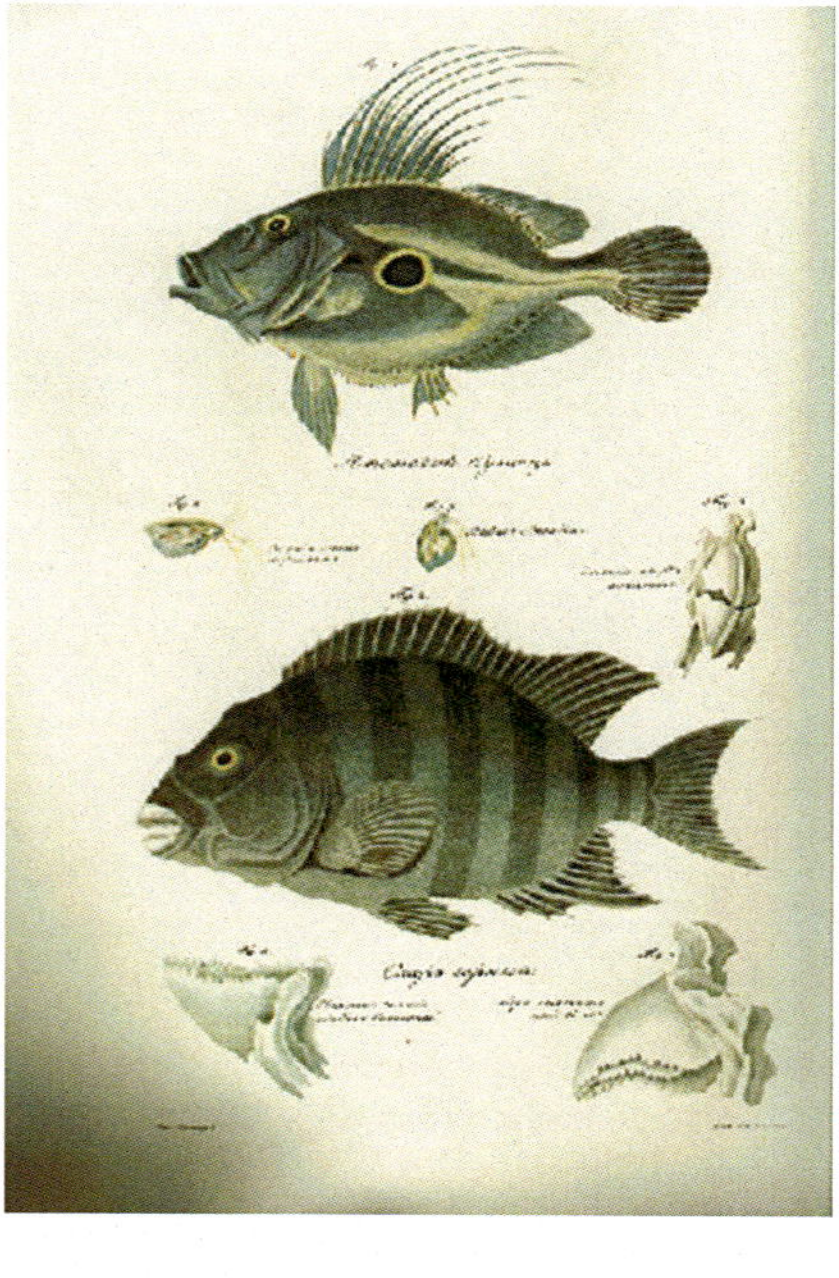

F13　日本の魚類（ティレジウス画）

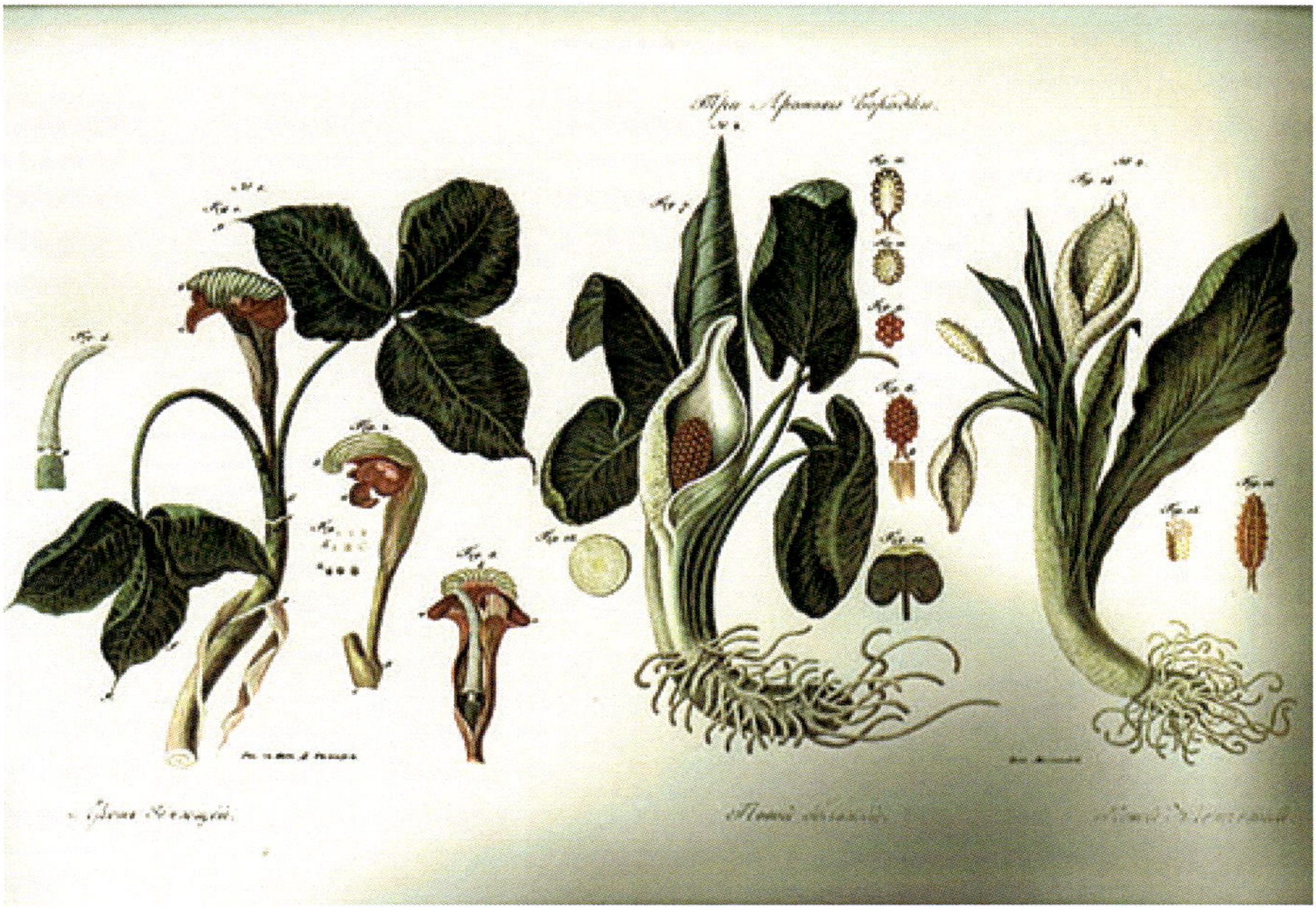

F14　日本の海藻、魚貝類（ティレジウス画）

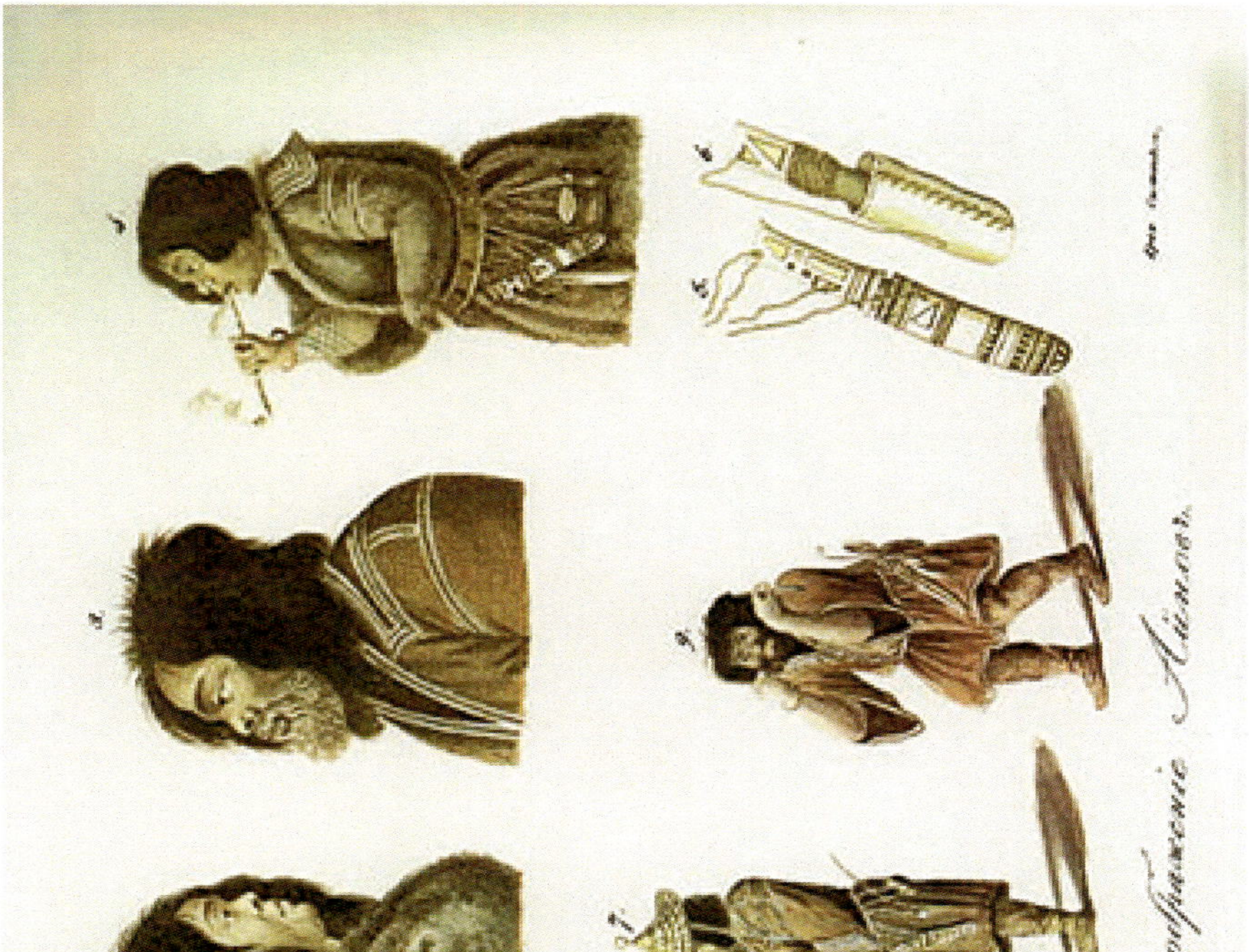

F15　　アイヌ民族の原住民 （ティレジウス画）

F16　蝦夷島の原住民（左）といわゆるアイヌ民族の婦人
（ティレジウス画）

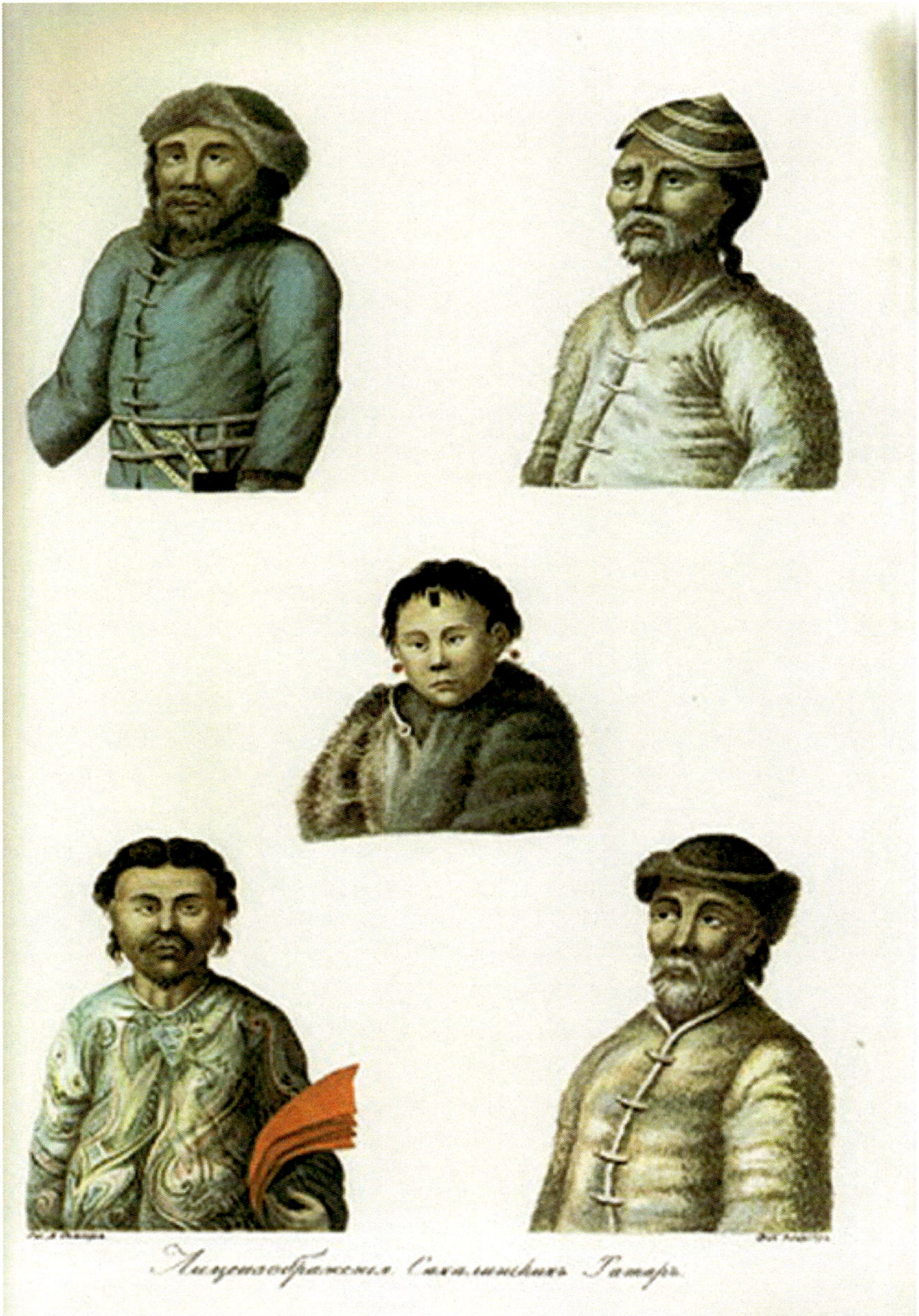

F17　サハリンのタタール人の描写（ティレジウス画）

ゲオルク・ハインリヒ・フォン・ラングスドルフ著

ラングスドルフ日本紀行

クルーゼンシュテルン世界周航・レザーノフ遣日使節随行記

山本秀峰編訳

訳者序

本書は、一八〇三年から〇六年にかけてロシア帝国が派遣した世界周航調査隊、ナジェージダ号のクルーゼンシュテルン艦長、および第二回遣日使節代表レザーノフに随行したドイツ人博物学者ゲオルク・ハインリヒ・フォン・ラングスドルフ（1774-1852）が著した「世界各地の探検と旅行」より、カムチャツカを起点にした日本訪問、およそ六か月間の長崎滞在、蝦夷地・樺太の航海調査を含む記録である。原書は一八一三年ロンドンで出版された英語版「一八〇三年、四年、五年、六年、七年の世界各地の探検と旅行」全二部（原題 Voyages and Travels in Various Parts of the World, during the Years 1803, 1804, 1805, 1806, and 1807. By G.H.von Langsdorff. London, Henry Colburn, 1813. Part 1 & 2. 復刻版、アムステルダム・ニューヨーク一九六八年刊）である。

原書の第一部第一章から第八章「コペンハーゲンからブラジル、南洋、カムチャツカ、そして日本」、すなわち著者のコペンハーゲン出発からカムチャツカ到着までは、本書の序章として、その目次と図版のみを紹介するにとどめた。第九章から第十四章まで、すなわちカムチャツカからの日本往復に関する部分を、本書の第一章から第六章とし、続く第七章として、原書第二部の第十五章「カムチャツカ滞在時の特別な出来事」の一部を加えた。

クルーゼンシュテルンによる世界周航記には、一九三一年に羽仁五郎氏によって詳細な解説と注釈が加えられて翻訳された「クルウゼンシュテルン日本紀行」があり、航海術、天文学、地理学、民族学を中心とした科学的記録として有名である。またレザーノフ遣日使節の文献として、二〇〇〇年大島幹雄氏によって翻訳されたレザーノフの日記「日本滞在日記」があり、長崎での通詞、役人、奉行らとの折衝の生々しい記録が非常に興味深い。また使節によってロシアから帰還した、仙台藩石巻若宮丸の漂民の口述に基づいて蘭学者大槻玄沢が編纂した「環海異聞」は、日露交渉の歴史の上で重要な役割を果たした漂流民による見聞録である。これらの文献は、同じ艦ナジェージダ号に乗り合わせながら、一人は航海・科学調査上の責任者、一人は日本との通商を求める外交代表、そして難破して救助された日本人漂民という、それぞれ異なった境遇、役割、立場の人の経験による実録であり、貴重な歴史資料である。

本書の著者ラングスドルフは、ゲッティンゲン大学で解剖学者ブルーメンバッハ教授のもとで医学を学んだ博物学者で、この世界周航隊にはコペンハーゲンから乗り込み、大西洋、ブラジルを周航、南太平洋のワシントン諸島（マルキーズ諸島）、ハワイを経由してカムチャツカに到着した後、日本への九か月近くの航海旅行に随行することになる。著者は当時二九歳、それまでヨーロッパでの軍務のかたわら植物学、鉱物学など幅広い自然科学の知識欲に燃え、その情熱をもって未知の世界に旅出た。著者の目は、序言にあるように、特に諸民族の人種、習俗、生活様式などを重点的に観察することに向けられている。またオランダ語を習得していたことから長崎滞在中の通詞や役人らとの交流や、日露会談の場に通訳として参加したこともこの記録の重要な点である。さらに長崎を後にして蝦夷地、サハリンでの探検調査では、アイヌ民族の実態や日本人による支配などに関する観察が特徴的である。

ラングスドルフは、ケンプファー、ジーボルトとともに一七世紀から一九世紀にかけて日本に旅行した代表的なドイツ人の一人である。来日した一九世紀初頭は、強固な鎖国政策の下にあった日本が西洋諸国の東洋進出によって徐々に開国の道を歩み始める時代であり、その大きな契機となる機会に巡り合い、その出来事を目撃することになる。この日本紀行は、周航隊の隊長、通商使節の代表、帰還漂流民というこの舞台の主役に随行したいわば脇役として、科学者の目から見た客観的な記録と言えよう。

本書では、ドイツ語版原書に付随して刊行された数点の図版を加えて口絵にしたほか、「クルーゼンシュテルン世界周航記」のアトラス巻、さらに二〇〇五年サンクトペテルブルグで出版された図説資料「クルーゼンシュテルンとともに世界周航」（Вокруг света с Крузенштерном.）より関連するいくつかの図版を口絵および本文中の挿絵にした。これらは著者ラングスドルフ自身が描いたもの、また同僚の博物学者・画家ティレジウス、海軍中尉レーヴェンシュテルンらが描いたもので、地理学、人類学、民族学、歴史学上の貴重な資料である。

訳者

凡例

・口絵と挿絵について　原書にある著者肖像と世界周航図、及びドイツ語版原書 Bemerkungen auf einer Reise um die Welt in den Jahren 1803 bis 1807 von G.H. von Langsdorff. Im Verlag bey Friedrich Wilmans, 1812 に付随して刊行された図版から数点を冒頭の口絵（F1～F9）にした。また、参考図版としてクルーゼンシュテルン「世界周航記」（Voyages round the World. in the Years 1803, 1804, 1805, & 1806. By order of His Imperial Majesty Alexander the First, on Board the Ships Nadeshda and Neva, under the Command of Captain A.J. von Krusenstern. London, 1813.）及び、「クルーゼンシュテルンとともに世界周航」（Вокруг света с Крузенштерном. Сост. А.В.Крузенштерн, О.М Федорова. СПб. Крига, 2005.）より、本書内容に関連する図版を選び、口絵（F10～F17）と本文中挿絵にした。

・原書のなかの著者による原注は、カッコ内に小文字で表記した。

・口絵、挿絵、本文中の〔小文字〕は、訳者が加えた註ないし補足である。

・地名、植物名、動物名などの専門用語は、多くの箇所で原文のまま表記した。特に随所に引用される言語学者・東洋学者ユリウス・フォン・クラプロートの助言による日本の地名や、人名、動物名については、該当する地名などを同定することが困難な箇所が多くあるため、原文のまま表記することとし、判明したもののみ〔　〕で補足した。

目次

図版目次

口絵

挿絵

挿絵

出典

・口絵 F1 ~ F9, 挿絵 p.26 ~ p.30, p.63, p.88, p.133,p.149, p.155, p.164 はラングスドルフの原書の英語版およびドイツ語版の図版より。
・口絵 F10 ~ F17, 挿絵 p.39, p.51, p.54, p.56, p.100, p.108,p.114, p.119, p.127, p.138, p.142, p.147, p.180, p.183, p.194, p.200, p.205, p.216 はクルーゼンシュテルン「世界周航記」の図版巻より。
・挿絵 p.43, p.61, p.70,p.83,p.86, p.111,p.130, p.157,p.163, p176, p.210 は「クルーゼンシュテルンとともに世界周航」より。

（参考文献を参照）

ロシア皇帝アレクサンドル一世への献呈辞

慈悲深き皇帝陛下

ロシアで最初の世界周航の旅は、陛下の栄えある統治の年代においてもっとも輝ける出来事の一つである。この偉大な事業において、さらなる知識の拡大に向けたあらゆる貢献が、当然至極すべての文明国の興味を沸き立たせんことを願い奉る。

ロシア最初の世界周航隊の幸運なる随行者として、私が収集する機会を得たこの報告は、冒頭に陛下の御名を置くこと、また微力なる私の努力と関連して、陛下のお慈悲により新たな事実を出版することをお許しになられたことによって、これらに寄せられる関心に対して完全なる権利をもつものである。

陛下におかれましては、私の死に至るまでの限りなき感謝と尊敬、そして誠意のかすかな証しとして、ここに申し出ることを喜んでお受けくださらんことを願いつつ、

慈悲深き皇帝陛下に捧げ奉る

忠誠にして従順なる信奉者、臣下

G・H・フォン・ラングスドルフ

序言

この世界周航隊の有名な隊長自身の手による記録が、すでに多くの人々の手にある現在、興味溢れる遠征旅行中に私が行った観察を公にすることは、僭越と思われるかもしれない。今あえて発表することの主たる弁明は、医者そして自然科学者としての私の関心が必然的に、遠征隊長が主に従事した物事とは異なる対象に向けられていることだ。そのうえ、私は一八〇五年カムチャツカで周航隊から離れ、その後の旅程は、クルーゼンシュテルン艦長[1]が辿ったのとはまったく違うコースをとった。なぜなら私はその後アリューシャン列島、およびアメリカの北西海岸を訪れ、さらにシベリア大陸を陸路横断してロシアの首都に帰ったからだ。したがって私の著作のこの部分はすべて、彼の記録とはまったく異なるものである。

新しい事物を観察し、判断することにおいて研究者は誰しも特有の視点をもち、独自の領域において、自分の好奇心を興奮させるものをことごとく取りあげようと心がけるものだ。したがって私の著作のなかにはクルーゼンシュテルン艦長が考慮に入れなかった多くのことに気づかれるだろうし、世界的に評価された彼の優れた著作のなかで見出されるものとは、異なった描写がなされていることであろう。

私の意図はもとより、遠征の航海記録を編纂することではなく、この旅行の計画や、これに結合された政治的、商業的な観点に私自身を関係づけようとすることではなく、あるいは士官の任務や、船の調達に関する詳細に立ち入ろうとすることでもない。これらに関するものごとすべてはわが隊長によって十分に取り扱われており、それらを述べることはまったく余計なものでしかない。したがって私が心がけたのは、私にとってより実際的に興味のある物事、訪れた様々な国の風俗習慣、生活様式、諸国の産物を、航路の日時を追ってスケッチし、叙述したことである。要するに、私が必然的に望んだごとく、多くの点で真新しく、そして学術の世界に完全に受け入れられるような普遍的記録を編纂することを願ったのである。これらの物事がどこまで通用するかは、世論が決定することになる。

真実を描くことに厳しくこだわることは、単に好みの問題ではない。世界に向けて冒険の歴史を作ろうとする旅行者にとって、それは神聖な義務とみなされなければならない。さらに、著作を面白くしようとして詩的な修飾に頼ったり、想像力をはずませて驚かせるような物事を詳しく書いたりするようなことはあってはならない。実に驚異的で極めて注目に値する物事に毎日数多く出会うのであるから、事実のみに対して自分自身をどこまで抑制することができるか、著述があらゆる道理にかなった限界を超えないようにすることだけが唯一難しいところである。

植物、動物、その他の自然史の対象を科学的に描写することは、総合的な目的の視点をもつ書物にふさわしいとは思わないので、私はそれらをこの著作の本体から分離し、後に明確にしたものを出版するつもりである。しかしながら、植物に関する知識は今日では世界的に最も興味をもたせる自然史の部門であるから、私は植物の分野から始めようとした。昆虫、魚類などに関する知識にむけた評論は、追って時間と方法が許すならば徐々に出すことにする。

旅行を有意義なものにするためには、精神を特別に強化することや決意が必要であり、人生の初期に旅を始めることによってのみ得られるものだ。私がついに着手したこの大旅行の前に、いくつかの小旅行を経験することができたことは幸運であった。一七九七年ゲッティンゲン大学で医学および外科医の博士号を取得したのち、私はヴァルデックのクリスティアン公〔Christian August von Waldeck-Pyrmont, 1744-1798〕に随行してリスボンに行き、クリスティアン公は以後ポルトガル陸軍の将軍に赴いた。

私はそれより前の年に、自然史の研究にすっかり魅了されてきた。ブルーメンバッハ教授(2)の授業は、私にこの学問への愛着を決定的にし、ポルトガルは知識欲を満たす広い分野を開かせた。外科医の職業はこの大好きな研究分野に傾倒することの障害にはならなかった。そして自らが博識であり、科学と知識を友とするクリスティアン公から、あらゆる援助と激励を受けたのである。一七九八年の春、私はポルトガルの諸州を行く陸軍勤務でクリスティアン公に付き添った。しかしなんと、公は長くは生きなかった。彼は翌年、片腕を失った後にそこから胸部にできた水腫により亡くなってしまった。

当時のポルトガルの大臣〔Louis Pinto de Souza Coutinho, 1735-1804〕の助言により、私は故国に帰るのではなく、温暖な気候と好意的で洗練された人々のなかで、内科医として仕事を始めることに決心した。まもなく多くのドイツ人、イギリス人、ポルトガル人の家と幅広い交際を得て、その人たちから私の職業的能力に対する大きな信用の栄誉を授かった。そのために私の好きな研究、与えられた自然の新しい、未知の産物を調査するための時間がほとんどなくなってしまった。このことが当時ポルトガルに駐屯していたイギリスの予備軍カストリーズ連隊の主任外科医に任命するという申し出を受ける気にさせた。なぜなら十分な給料が得られ、暇な時間をすべて好きな研究に費やすことができたからだ。私は一八〇一年の対スペイン方面作戦でこの部隊に同行した。しかし翌年アミアンの和平の結果われわれは解雇されることになり、一八〇三年にドイツに帰国する途中、ロンドンとパリを訪れる機会を得ることになった。

この間、かなり豊富に集めた自然史のコレクションを、リスボンからハンブルク経由でゲッティンゲンに送った。それはゲッティンゲンに落ち着いたら、ポルトガルでの旅行の記録を出版しようと準備をする意図があったからだ。

フランスの自然科学者、アユイ〔René Just Haüy, 1743-1822 鉱物学者〕、オリヴィエ〔Guillaume Olivier, 1756-1814 医者、昆虫学者〕、ボスク〔Louis Augustin Guillaume Bosc, 1759-1828 植物学者〕、ラトレイユ〔Pierre André Latreille, 1762-1833 昆虫学者〕、ジョフロア〔Etienne Geoffroy Saint-Hilaire, 1772-1844 解剖学・古生物学者〕、ブロニアル〔Alexandre Brogniart. 1770-1847. 地質学者〕、デュメリール〔André Marie Constant Duméril, 1774-1860 動物学者〕らの友情、そしてほぼ同時期にサンクトペテルブルグの帝国科学アカデミーの通信員としての名前を授けられた栄誉、これらすべては大きな勇気を与えてくれた。そのために私の胸の奥には、ゲッティンゲンに帰ったならば、自然史の知識を大きく広げるなんらかの大旅行に着手するという熱望が沸いたのだ。私にとってこの目的のために、ロシア最初の世界周航隊に参加することはこの上ない絶好の機会であった。

私は科学アカデミーの通信員として、自分の計画を促進していくために、アカデミーからの援助を要請する資格が相当程度にあるだろうと考えた。そしてその本部に手紙を書き、私の願望を知らせたのだ。国家評議員にして騎士クラフト氏〔Wolfgang Ludwig

Krafft. 1743-1814. ペテルブルグ科学アカデミー天文学者〕、そして大学評議員にして騎士アデルング氏〔Friedrich von Adelung. 1768-1843. 言語学（サンスクリット語）・歴史学者〕、両氏ともにあらん限りの努力で私の申請を支持してくれたのだが、一八〇三年八月一八日ゲッティンゲンから受け取った手紙では、遺憾ながら私の願いは間に合わず、時はすでに遅きに失した。ナジェージダ号とネヴァ号の両艦(3)は、最初の順風を待って出帆するところで、コペンハーゲンには一週間も停泊しないことを知らされた。さらにティレジウス博士(4)がすでに遠征隊の自然科学者として指名されており、彼はヘルシンキから乗船する予定であった。自分で費用を払ったにしても、参加できるかどうかは半信半疑であったし、加われそうになかった。このようなわけで、私の要請に関してはなんら満足できるものは約束されなかった。

それでもなお私は、熱意が冷めることなく、実現するのが不可能であることを確信するまでは、自分の計画をあきらめないことにした。直ちに意を決し、まさに同じ日に、間髪を入れずに出発した。八月二十一日の朝、リューベックに到着し、トラーヴェミュンデ〔リューベック湾に面する地区〕で出発間際のコペンハーゲン行きの船を見つけ、乗り込んだ。船は二十一日から二十三日にかけての夜まで錨をおろし、そして順風を得て二十四日の早朝デンマークの首都に着いた。

私は直ちにSieur Rauのホテルに行き、なんとも嬉しいことに、そこにはロシア遠征隊に所属する士官のほとんどが寝泊まりしているのが分かった。これは縁起が良いと思い、この状況は私に新たな勇気を吹き込んだ。そして結果は期待を裏切らなかった。日本への使節の資格で遠征隊に同行することになった王室侍従レザーノフ氏(5)に対し、旅行の一員として受け入れてくれるよう、熱烈に懇願した。そしてついに、私の嘆願は遠征隊の正式の隊長、秀逸なるクルーゼンシュテルン艦長に支持され、認められるという幸運をつかんだのである。

この好意ある人、科学的航海士、そのよく知られた貢献は私の称賛をはるかに超えるものだが、それゆえここに、感謝を込めた謝辞を表することを許されなければならない。いま記録しようとしている旅行中に得た喜びのすべてが、何をおいても彼の友情と援助によるものであることを告白するものである。

それに劣らず顧問ティレジウス博士に感謝しなければならない。彼は極めて広範囲にわたる科学的知識に対して美術上の申し分ない味を加え、多くのスケッチを与えてくれた。さらに私の旅行の第二部を多彩に、そして豊かに飾ってくれることを約束してくれた。クルーゼンシュテルン艦長の著作のアトラス〔図版巻〕にある歴史的図版は、この遠征隊の画家ではなく、まさにティレジウス氏に負うところのものである。さらに彼は自然史の事物のスケッチの膨大なコレクションを所有しており、それを徐々に完成させ、公刊しようと計画している。

日本の地理およびチョカ(6)〔Tschoka サハリンを意味する〕の住民の言語に関しては、相談役クラプロート氏(7)の貴重な考察を大いに利用した。ありがたいことにこの博学の友であり同僚であるクラプロート氏は、日本の地図や地理学の著作から集めた興味深い指摘を提供してくれたのである。かの天才的な画家オルロフスキー氏〔Александр Орловский. 1777-1832 ポーランド生まれ、ロシアの画家〕は親切にも、カブリ〔Jean Baptiste Cabri ヌクヒヴァ島に住んでいたフランス人〕の肖像画やそのほかの素描を描いてくれた。私はこれらすべて、それぞれに優れた人々に、その親切と友情あふれる援助に対し、深い感謝の念をここに表する。

G・H・フォン・ラングスドルフ

一八一一年六月　サンクトペテルブルグにて

序章

コペンハーゲン出発からカムチャツカ到着まで

一　コペンハーゲンからイギリス　―　ファルマス滞在　―　テネリフェへの航海　―　テネリフェ島と最高峰の描写　―　ブラジルへの航海

〔一八〇三年九月十五日コペンハーゲン出発、十二月までブラジルへ航海〕

二　サンタ・カタリナ滞在　―　ノッサ・センホラ・ド・デステロの町　―　その住民の風俗習慣　―　黒人奴隷のダンス　―　主要島への小旅行　―　工芸、知識、公共施設　―　鯨油の製造　―　自然史　―　医学上の観察

〔一八〇三年十二月から一八〇四年一月までブラジル滞在〕

三　ブラジルからの出発　―　ホーン岬を廻る航海　―　イースター島　―　ワシントン諸島の一つヌクヒヴァ到着　―　この島を初めて見た印象　―　原住民からの訪問

〔一八〇四年二月四日ブラジル出発・五月六日ワシントン諸島ヌクヒヴァ到着〕

四　イギリス人ロバーツとフランス人カブリの話　―　ワシントン諸島と呼ばれる群島のおおまかな風景　―　ヌクヒヴァ島の描写　―　位置、気候、産物、人口　―　住民に関する詳細

五　入れ墨　―　入れ墨の風習　―　タブーの家　―　島民の衣装　―　食物　―　パンノキ　―　住居

六　ワシントン諸島の住民の社会制度について　―　首長または王　―　宗教と法律　―　タブーの対象および住民がそれに至った理由

七　ヌクヒヴァの住民の風俗習慣（続き）―　食人の風習　―　争い　―　結婚　―　鳥類　―　葬式　―　魔法　―　割礼　―　ダンス祭り　―　音楽　―　竹馬に乗って走る　―　泳ぎ　―　装飾品　―　家庭用品　―　遊び道具　―　カヌー　―　様々な観察
〔一八〇四年五月十七日までワシントン諸島に滞在〕

八　ヌクヒヴァからの出発　―　ハワイ到着　―　この島についての所見　―　ネヴァ号との再会　―　カムチャツカへの航海　―　カムチャツカ到着と滞在
〔一八〇四年五月十七日ヌクヒヴァ出発・六月七日ハワイ到着・六月十日出発・七月十四日カムチャツカ到着・九月六日まで滞在〕

1803年9月19日1時ノルウェー海岸で観察したオーロラ

ブラジルの家の内部

２人の女性が不完全な道具で木綿から種を分ける仕事をしている。一人はこの国のやり方にしたがって低い椅子に座っている。彼女たちの背後には水差しと液汁を絞る管のついた２つのCujaがある。ドアの近くには網のようなもの、それは蝶々を捕まえるのに極めて便利に思われる。その傍には弓があり、矢ではなく玉を発射する。壁の反対側の窓近くには扇が掛かっている。(ラングスドルフ画)

ヌクヒヴァ島の人の住む谷間

前景の左手には、周囲を杭で囲まれたタブーのココナッツの木があり、その幹には根元から天辺までココアの実が留められている。これは祭りのための備えとしてこのような方法で配置されている。次の木の上には一人の島民が猿のように登り、足を幹に押しつけ、ナッツを集めている。壇の上に建てられた「タブーの家」は、文中にある問題について説明するものである。左手の家の近くには覆われた穴があるが、これは popoï または蒸留したパンのフルーツを貯蔵する役割をする。

(ラングスドルフ画)

フランス人ジャン・バティスト・カブリの肖像

彼はヌクヒヴァ島で発見され、現地で半未開人となった。この絵では「投石器を使う人」として描かれている。彼はわれわれがヌクヒヴァを出発するとき偶然この島を離れ、後にカムチャツカで去り、そこから大陸を横断してペテルブルグに旅した。この男の異常な運命と、体に入れ墨をした奇妙な風貌は誰からも注目された。モスクワでもペテルブルグでも彼は舞台にたって未開人の踊りを披露し、ロシアの全国民からまさに奇人とされた。

(ラングスドルフ画)

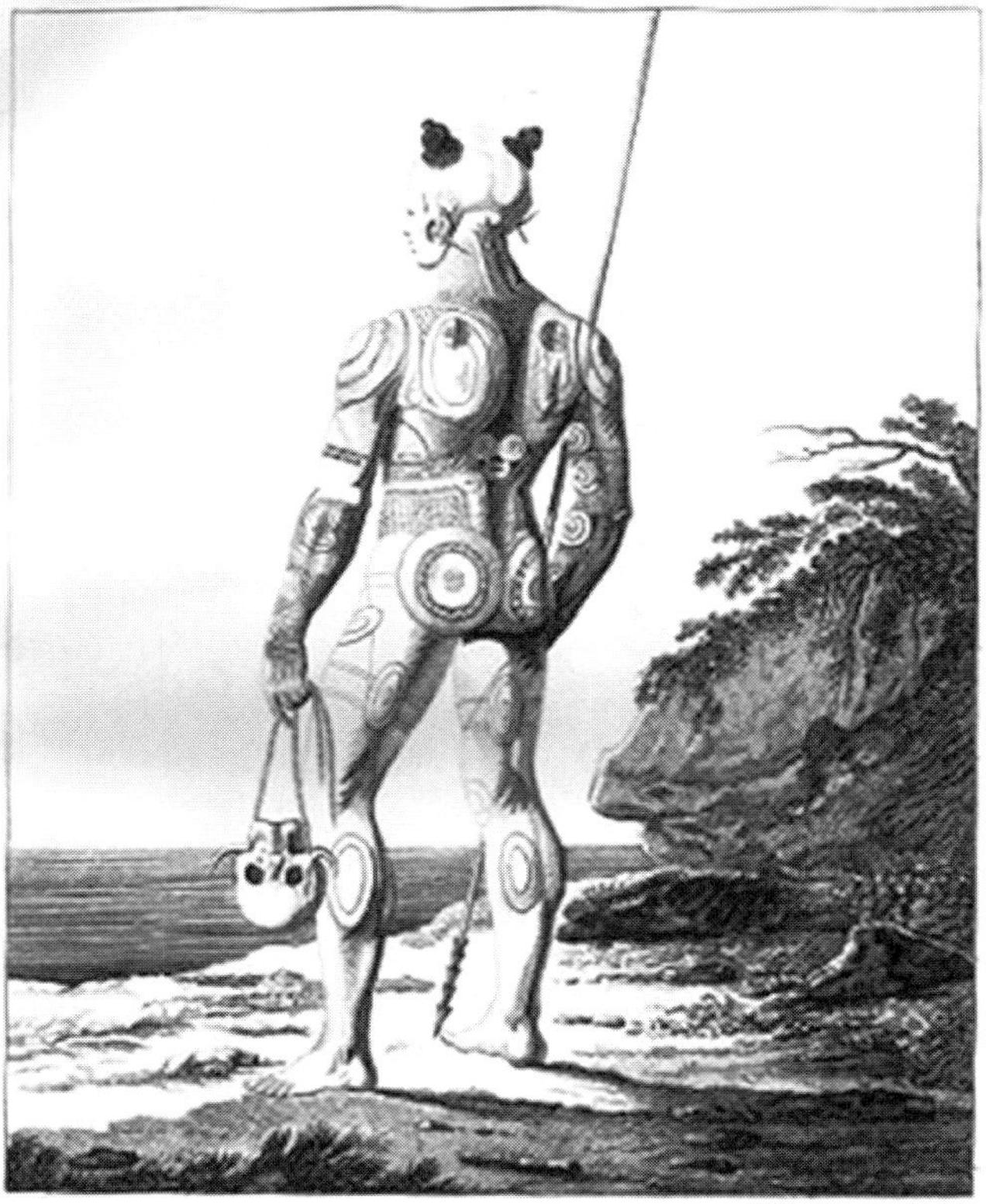

ヌクヒヴァ島の若い住民の後ろ姿

彼は勇気を示す証拠として片手に殺した敵の頭蓋骨を、もう一方の手には槍またはもりを持っている。体のところどころは主要な模様が描かれているだけだが、他の部分は入れ墨が完成している。この島の全住民がそうであるように、首の後ろに2本の腺があると思われるが、私の知る限りヨーロッパ人にはなく、解剖学者も見たことがない。この島の人は、両耳の上の小さな部分を残して頭を剃り、このように角のような形に長い髪を結える。

（ラングスドルフ画）

ヌクヒヴァ島の小屋の内部
入れ墨師が座り、女性の腕に刺青をしている。タプーの人物が入り口から入ってくるところで、入れ墨師へのプレゼントとして豚の頭をもってきている。
(ラングスドルフ画)

第一章

日本への航海

使節団にむけての序章 ― カムチャツカ出発 ― 航海中の出来事
― 戴冠記念日の行事 ― 恐るべき暴風雨 ― 日本到着

日本に対する使節団は、政治的および地理学的観点の両面からして、この遠征のなかで最も興味深い部分である。この国はまだほとんど知られておらず、われわれのわずかな知識は主として、ケンプファー[8]、トゥンベリ[9]、そしてシャルルヴォア[10]から得たものである。二世紀近くヨーロッパとの間にほとんどすべての交流を断っており、唯一オランダ人だけが取るに足りないほどの貿易を行ってきている。

日本はロシア以外にヨーロッパの隣国をもたないのだから、ロシア帝国は当然のことながら、その友好関係を主張することができるといえよう。そしてエカテリーナ女帝[11]の鋭い考えは、この国との正常な関係をもつことの重要性を見逃さなかった。数年前にクリール諸島で難破した光太夫[12]という日本人商人他数名がシベリアで生存していることを聞くや否や、女帝はかれらを最大限に厚遇することに喜んで応じたのだ。光太夫をサンクトペテルブルグに招き、当時の輝ける宮廷の豪華絢爛を披露し、あらゆる限りの尊敬と優遇を施したうえに、母国に帰還するための船を与えたのである。かれはこれによってオホーツクに帰り、一七九二年、有名な科学者の子、海軍士官アダム・ラクスマン中尉[13]によって日本の北東海岸にある松前の港、厚岸に還されたのである。シベリア提督はラクスマンを通して日本の皇帝〔将軍〕あてに手紙を送った。そのなかでエカテリーナ女帝の名において、その航海の動機を知らせ、また両国家のより親密な友好と同盟とを促進するために、正式な通商関係を確立することを提案してきた。また、首都江戸の日本皇帝に対し、さほど貴重なものではなかったがいくつか献上品を送ってきたのである。

深い見識と洞察力をもっていた光太夫は、ロシアで生活していた間たいへん勤勉に言葉を学んだ。ロシアの恩人に対する感謝と、かれ自身の関心から、今や帰国して厚岸に滞在中、ロシアと日本との間の通商の可能性などの課題において、通訳として奉仕した。ラクスマンは数か月の経過の後、エカテリーナ女帝またはシベリア提督に対する手紙またはその返答の代わりに、ある種の訓示文書(14)を受け取った。その内容はおよそ次のようなものである。

「日本帝国の諸法は、古代より今日に至るまで、確たるものにして覆ることはなく、また決して揺らぐものではない。彼(ラクスマン)は、悪天による遭難に会い異国の海岸にうちあげられて彼の保護に信頼をよせた漂民を連れてやってきた。そして彼は知らぬがために長崎にではなく、異国船の入港が認められていない日本海岸の一つに入港した。これは我が国において前代未聞のことである。

我が国に来るあらゆる船舶は、それがいかに多かろうとも、すべて直ちに捕縛されることになる。より正せば、それらが武装していればのことである。

昔日よりオランダ人は常に友誼をもって暮らす国民として、長崎に来ることが許されているが、この国の内部に入ることは決して許されぬ。しかし彼(ラクスマン)は、日本についてわずかにも知ることがない故、彼を頼る日本人漂民を連れ、あえて武装艦でやってきた。

厳密にいえば、彼は母国に帰ることは断じて禁じられて然るべきである。されども異国人であり、日本の諸法を知らず、またそれらを知りつつ故意に違反しようとするものでもなかったが故、帰還は許されるであろう。より正せば、彼はロシア政府の任命を受け、彼の保護に託す日本人数名をその地より連れ来たり、大いなる忠誠と親切をもって役目を果たしたからである。さりながら帰還が許されるのは、何があろうとも、許されざる港に再び立ち入ろうとすることがなければのことである。

日本はロシアとはこれまでいかなる友誼的な関係に入ったことはなく、したがってロシア皇帝が如何ほどの威厳の位に達するものかを知るものではない。さらにまた、手紙という方法にてはそれが如何ほどに及ぶものであるかを判断すること、あるいはロシアにおいていかなる慣習やしきたりが流布しているかを知るのは不可能である。それゆえ、なんらかの行いによって尊敬または侮りが生ずるかに関して、両国がどれほどまでに納得できるものかを判断する、いかなる手立てもない。」

（原注　ここで日本政府は、日本の慣習では何人であれ、皇帝に対して直接手紙を書くことは許されない、ということを示唆しようとしている。この法律はラクスマン船長が出国するとき、口頭もしくは書簡にて特に強く教え込まれていた。日本は、世界で最強の君主であろうとも、日本皇帝自身に対して手紙を書いてはならないということに固執している。外国勢力は、その大臣が日本の大臣に対して書かなければならず、日本の大臣はその務めを主君に伝え、お伺いを立てなければならない。したがってシベリア総督が日本皇帝に手紙を書いたことは、その威厳に対する大逆罪に近いものだったのである。）

「この不完全なる情報であることを鑑み、その地より送還された漂民およびその事情に関する記録を受け取る以外は、ロシアからの書簡に対して、いかなる返答もかなわぬ。さらに両国間の通交は望むものではない。

将来的な友好関係に関しては、厚岸湾においてはなんらの取り決めも為しうるものではない。さらに異国人が首都江戸にくることは、決して許されない。異国の商人は、友好関係が確立したのち、指定された場所においてのみ来ることができる。そのほか、あらゆる戦艦については、いずこの港または上陸地に来ようとも、断固として通交せず、またいかなる提議を受けることもないよう取り計らうのが我が国の法である。」

この訓示文書は最後に、次のように結んでいる。

「ラクスマン、貴殿に対しここに与える許可証を示すことによって長崎に来航することを許す。しかしながら、これが提示されなければ、長崎においても入港することはできない。」

この許可証[15]〔信牌〕はおよそ次のような文言となっている。

「大ロシア帝国の船、一艘は長崎への入港が許される。しかし、すでに断言したように、異国船は他のいかなる場所にも上陸することを厳しく禁ずる。また繰り返すが、我が帝国においてキリスト教は許されない。したがって滞在中にいかなる宗教的礼拝の行動がなされないことが条件である。そして将来なんらかの合意がなされるべき場合において、以上のような我が国の諸法に反することは何事もあってはならない。これらを条件に来航するための許可証として、この証をアダム・ラクスマンに与える。」

この許可証がまったく使われずに何故これほど長い年月が浪費されたかの主な原因は、ヨーロッパの混乱した状態にあった。それはわが慈悲深き君主アレクサンドル一世[16]

の栄光の治世、有名な大臣ロマンツォフ伯爵[17]〔ルミャンツェフ〕の提案による世界探検周航の着手、およびその計画と結びつけた日本使節の派遣を待たなければならなかった。長崎への入港許可証は依然存在していたのであるから、遣日使節は最良の結果がもたらされるだろうと期待される最大の理由があった。それからさらに、ラクスマン船長が帰還した数年後の一七九六年、日本の大船[18]がアリューシャン列島に難破し、救助された不運な受難者を母国に帰還させるという、航海の新たな理由がもたらされたのだ。

（原注　これらの日本人はイルクーツクで数年暮らし、この遠征隊が準備された時ペテルブルグに送られ、そこで最大の厚遇を受けた。金銭、衣料、時計などを贈られた上、キリスト教に改宗しなかった者はロシアに残るも、母国に帰るも、それぞれの自由にしてよいと言い渡された。十五人のうち五人が帰国を選び、残るものは任意にイルクーツクに帰った。そのなかの一人、ニコライ・コロトゥイギン[19]名の日本人は現在、イルクーツクのギムナジムで日本語の教授をしており、六人ないし八人の生徒を教えている。）

レザーノフ伯爵がこの遣日使節に指名されたのは、このような環境にあった。使節には大変高価な、様々な種類のヨーロッパの美術、工芸の献上品が用意されたのだ。

カムチャツカ出発

このように準備され、一八〇四年九月七日、われわれは日本に向けて期待に胸を膨らませながら、カムチャツカのペトロパヴロフスク港を出帆した。

出港してからの最初の数日は、まずまずの良い天気であったが、十一日の朝、強い東風が吹き出し、午後二時までに激しい嵐となり、一晩中おさまることがなかった。波はホーン岬を廻る航海の時も含め、それまでに見たことのない高さにうねった。翌朝風は突然やんだが、しかし波は依然高く、艦は波に激しくもまれ、揺すぶられ、まるでコルクのようであった。乗組員の全員は少なからず疲れてしまった。ヨーロッパの海岸を出て以来、このような嵐にあった経験はまったくなかった。艦はカムチャツカ滞在中に十分にタールを塗りこめておいたにもかかわらず、大量に浸水し、必死に水をくみ出さなければならなかった。船室と煙突との仕切りが崩れ落ちた。そして小雨とともに絶え間なく霧がかかっていたため、割れ目から海水が入り込み、濡れてしまった本、書類、衣類を乾かすこともまったくできなくなってしまった。これによって状況はますます居心地の悪いものになってしまった。いまや毎日のように小さな陸鳥や、大量の鯨を見ることになった。

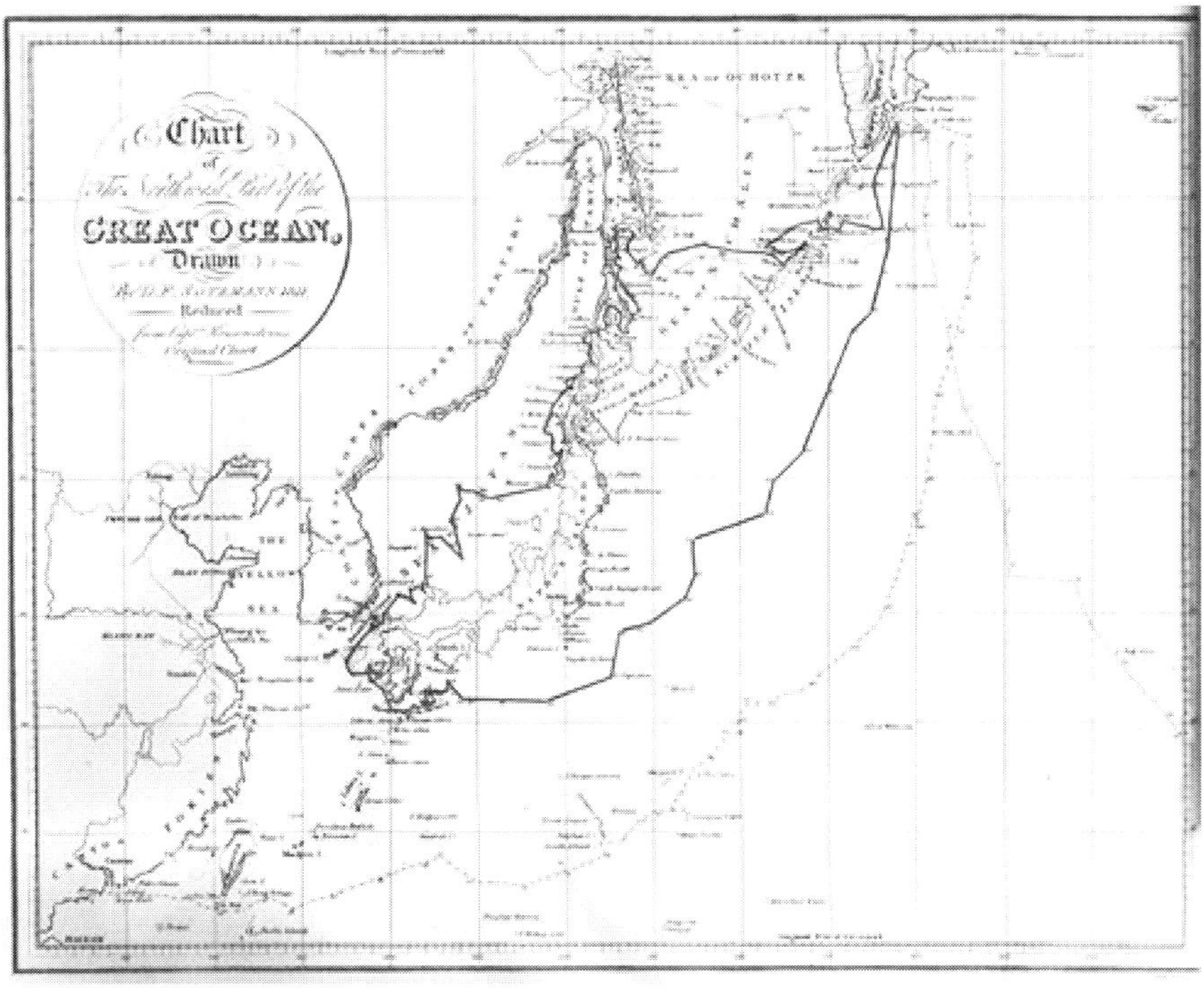

太平洋の北西部

〔ナジェージダ号の日本往復の航路（濃い実線）は、カムチャツカ半島ペトロパヴロフスクから千島列島の南、日本の東海上を経て九州、長崎に至り、帰路は日本海西岸に沿い、蝦夷地、サハリンを経由してオホーツク海を通って戻る線。〕

九月十五日の昼、われわれは北緯三十九度五十七分、西経二百八度七分三〇秒〔千島列島の南、三陸沖のはるか東方海上〕にあり、言い表せないほど慰められるような晴天となり、温暖な気候に入ってきたことをひしひしと感じとった。冷たく湿った霧に代わって、今は晴天の乾いた日中と、温かい月夜となった。これまで滅多に十度以上になることはなかった寒暖計は急に十八度にまで上がった。そして北東からの新鮮な順風にのって艦は快走し、嵐の季節に向かうなかで、これらの海域で航海が遅くなる懸念はまったくなくなった。少なくとも時速八ないし九マイル以上の速さで進んだ。

多くの地図によると、現在Vulcan's islandの近くにいるはずであったが、クルーゼンシュテルン艦長は、その島の存在と位置について正確に確かめることには疑問があった。彼の調査によれば、北緯三十七度、西経二百十四度〔福島県沖はるか東方海上〕にあるといわれているその島は、その地点には探しても見当たらないことがはっきりしている。同じことはいわゆる一七一六年のIslas Nuevasや、一六六四年のPenia de los Picosと呼ばれる諸島、その他についてもいえるだろう。仮にそれらが存在するにしても、これまで地図に示されたような地点には存在しないのである。地理学上の関心においては、誤りを正し、そして偽りの島が存在しないことを確認することは、新しい島を発見することよりも、より重要なのである。

戴冠記念日の行事

九月二十七日、わが最愛なる君主アレクサンドル一世皇帝の戴冠記念日の祝典が、首都からかくも遠き海域において行われた。レザーノフ使節はこの機会に、自身の母国語を最大限駆使して、甲板上で全乗組員に対して荘厳な大演説を行った。彼の雄弁さを示すためにここにその翻訳を試みるが、他国語に置き換えることによって原語の強さの多くが失われることを認識している。

「ロシア人よ、

わが世界周航の旅において、われわれはついに日本の海域に到着した。祖国への愛、荘厳なる精神、職業における才能、危険を省みず挑戦する勇気、忍耐力、服従、互恵の精神、相互の親切と寛容、これらはロシア人船乗りを特色づける性格であり、また総じてロシア人を特徴づける美徳である。

海軍士官の諸君はナジェージダ号（原注「ナジェージダ」はわが艦の名前、「希望」を意味する）の公認の指揮官であり、同胞からの感謝を受けるに十分に値する。諸君はすでに相当なる名声を獲得し、それを羨んで奪われることは決してない。

騎士にして使節の同僚、私の価値ある同行者にして助手である諸君には、派遣された輝かしい目的、我が国に新しい富と知識を開かんとする目的が残されている。──そして海に育てられた子供たる船乗り諸君！　諸君の勤勉なる努力によって、幸福なる結末が達成されんとするのである。

われわれを任命された皇帝陛下に対し、みずからの心と精神、熱意と喜びをもって奉仕することに一体化されんことを、そして最愛なる統治者への感謝が、困難な任務を成し遂げることによってさらに強まり、鼓舞されんことを願う。今日はすべてのロシア人の子供たちにとって記念となる日であるが、日本の領土の境界に接し、長崎の港に栄光のロシアの国旗が翻るのを初めて見るわれわれほど、これ以上に記念すべき日となることはない。

私は、わが皇帝陛下の代理として、そして偉大なる探検家諸君の目撃者として、諸君と苦労を共にし、危険を分かち合ったことを光栄に思う。そして今、将来わが祖国において諸君らすべてを待っている祝福を証言することを、厳粛に喜びとするものである。

アレクサンドル一世の戴冠記念日を日本の海域において厳粛に祝い、諸君の奉仕に対する報酬として永久に忘れざるためにここに皇帝陛下の肖像を与える。諸君はそれを最大の勲章として、諸君の熱意と勤勉によってこれが与えられることの証しとして身につけよ。それを常に見守り、さらに任務に忠実であり続けることをなお一層課せられるものであり、諸君の祖先がそれを誇りに思い、名声の頂点に達したことを忘れないでほしい。世界の最果てにありながら、陛下の臣民の功績に対し、その王座から報いが与えられるこの時のことを謹んで知るべきであろう。」

アレクサンドル一世戴冠記念メダル

使節はこの最後の言葉を繰り返しながら、乗組員ひとりひとりに、戴冠式のために鋳造された皇帝の肖像が彫られたメダルを飾った。このセレモニーはいつもより晴れ上がり穏やかな晴天であったために、天の恵みのようにも思われた。陽気な晩餐会では、敬愛する皇帝の健康のために祝杯をあげた。その時日本の海に初めてロシアの号砲が鳴り響いたのだ。

九月二十八日、われわれは日本の海岸を見た。その時の距離は三十六マイルであったが、夕方にかけて幾分風が吹き出し、陸地に近づくことはできなかった。注目した岬は、最良の観測によれば北緯三十二度三十八分三十三秒、西経二百二十六度四十三分十五秒にあり、四国の南端と思われる。〔原注　クラプロートによれば、この岬は日本語で「清水岬」〔足摺岬〕と呼ばれる。〕逆風と曇った空気、激しいにわか雨が妨げとなって陸地に近づくことはできなかった。

かの優秀な航海士にして地理学者クルーゼンシュテルン艦長は、これまでヨーロッパの船が通ったことがない海域の航海に関連する地点を、できるだけ正確に把握することに絶え間なく専念していた。より完全な地理学上の知識を追求した業績は、彼の著作の最も重要な部分のひとつであり、特別の興味をもって読まれることだろう。アロースミス氏〔イギリスの地図製作者・出版者アーロン・アロースミス 1750-1823〕が製作した地図は現存する最良のもののうちに入るが、極めて欠陥があることがわかった。

九月二十九日の夜明け、再び陸地を見たが、それは束の間の喜びであった。曇った水平線、激しい雨、身がひきしまるような北東風が吹き始め、海岸線付近が非常に危険になってきた。クルーゼンシュテルン艦長は、海岸からできるだけ離れたほうがよいと判断し、夜中は船首を風上に向けて停泊することにした。それからすぐに嵐がきて二十四時間近く続き、三十日の昼頃になってようやくおさまった。そしてこの数日間の間で初めて太陽が輝きだした。それまで三日間ほとんど雨か嵐が続いていたため、風がまったくなくなった十月一日は、これは良い天気に変わるだろうと期待した。昼には天気は大変良く晴れ、太陽がわれわれを生き返らせるように照りだしたので、艦長は陸地を求めて西へ方角をとった。よく観測ができ、北緯三十一度七分、西経二二七度四〇分〔宮崎県都井崎の東方海上〕を把握した。

しかし、南東から尋常でない高波、そしてバロメーターが大きくさがり、この好天が変わることを予感させた。クルーゼンシュテルン艦長は、再び南の方角をとり、艦を陸地からできるだけ遠ざけるのが無難と判断した。結果が示したとおり、この用心深い予測によって生き延びることができたのである。

昼頃、空気が大きく変わった。（原注　ここからこれまで経験したことがないような暴風雨について正確な描写が続く。より完全な説明とするために、私の観測に加え、クルーゼンシュテルン艦長が行った観測を付すのが適切であると判断する。）バロメーターは驚くような具合に下がり、南西の風が刻々と強まった。一時までには暴風となり、ほとんど新品の帆がボロボロに破られないよう、下帆を収める作業は、困難で危険であった。船員たちはそれにひるまず、決意して危険をものともせずにそれを巻き上げ、上帆だけをマストに浮かべた。三時までにはあらし用の帆だけはなんとかなったが、風はますます激しくなり、それさえもすぐに取りやめた。バロメーターは二八・三であった。波は巨大な塊となってうねり、矢のような速さで次々と押し寄せた。空は真っ黒な雲に覆われ、四時半頃には恐ろしい闇夜に包まれたようになった。

舵はしばらくのあいだ取れなくなり、まったく指針が分からなくなった。嵐用の二重縮帆でさえ合わせるのがほとんど不可能となり、激しい波に完全に翻弄されることになった。マストがぐらぐらし、ギシギシ鳴るのを見て、今にも船外に放り出される恐怖に襲われた。そして打ち砕く大波のたびに、これでもう終わりかと思った。風で索具はがたがたと音をたて、船の揺れは増すばかりだ。海水があらゆる方向から艦を打ちつけ、乗組員は絶え間なく水を汲み出すのに疲労困憊である。

バロメーターは下降し続け、五時ごろには水銀柱は二十七・六で区切られた目盛りを完全に下回った。最初は船が揺れるために時々そうなるのだろうと思ったが、しかしすぐにそのような慰めも奪われてしまった。大変なショックでそれどころではなかった。嵐が吹き荒れる間、その最低水準は間違いなく二十七になっていただろうし、それ以下になった可能性もある。この期に及んで自然界の猛威は言い表せないほどの脅威であった。自然のすべてが大混乱、大騒動に思われた。要するに、この情景を言い表す言葉は無い。士官や水夫は誰しも休む暇は片時もなかった。かれらが最大限になすべきことは、繰り返し受ける衝撃から船の舵取りをすることであった。大きな帆桁の胸骨が甲板上に浮いた。やむことなく物が衝突し、がたがた音をたてる。三歩ほどの距離であってもメガホンの声がほとんど聞こえない。そして乗組員はいたるところ、前に後ろにランタンをもって駆け回る。海は山のように高くなり、空と一緒になったようだ。空と雲と海の境目を区別することは不可能だ。巨大な波が次から次へ船を飲み込み、船を海底にまで沈めてしまいそうだ。あらゆる家財道具が散乱し、船首楼の銃器類は水に濡れてしまった。艦は海岸に向け毎時三（英）マイルの速さで近づいており、嵐が続けばほどなく暗礁に乗り上げ、助かる見込みもないと思うと、生きた心地がしない。だれもが同僚に静かに最後の別れをつげ、生きるも死ぬもすべて神の意思にまかせるほかなかった。

嵐が最高潮にたっした八時を過ぎたとき、風が突然五分おきにやんだ。この時とばかり、嵐用の縮帆をミズンマスト〔第三マスト〕に締めつけようとしたが、再び風がそれまでと同じように吹き荒れ、ほとんど成しえなかった。しかし八時十五分になって風は、東南東から西南西に変わった。この突然の変化により巨大な波が船の後部に直接押し寄せ、船尾展望台を左側から破壊し、二重の仕切りを押し破って船長室にまで入り込み、船室は三フィートの深さにすっかり水浸しとなった。貴重な書籍、椅子、テーブル、地図、日本あてに用意された献上品、数学の器具、衣類などすべてが船室あたりを泳ぐ状態になった。そしてそれに続いて起こる何かが予測されるようであった。本当のところ、水夫たちは勇気を奮い起こし、漏水を止めるのに必至であったが、内心「もうこれは無駄だ！」「どうやっても終わりだ！」と思わなかった者はだれもいなかったと信ずる。

突然思いがけなく風が変化し、反対方向からの直接の風がやはり激しく吹き始め、難破して海岸にうちあげられる危険からは助かったように見えた。しかしなお、吹き荒れ続ける嵐はわれわれに判決を下すのに十分にも思われた。風は唸り声をあげ、マストは揺れ動き、ぎしぎしと音をたて、大波は依然として船を飲み込んだ。しかし、十時ごろ船が上下左右に激しく揺れたとき、バロメーターの水銀の動きに気づいたのは、少なからぬ喜びであった。今にも消えそうな命の灯がかすかに光り、希望を沸き立たせた。そして昔の友達がやってきたかのような、その存在が慰めとなり、与えられた慰安の光を歓呼して迎えた。それは嵐が徐々に弱まっていくのを確実にするものであった。事実、十二時までにはっきりと嵐はやみはじめた。しかし、バロメーターの変化を観測することはほとんどできず、慰めとなるものは失われた。バロメーターは波の激しい衝撃で壊されたのだ。これを失ったために、水銀が徐々に上昇する様子や、嵐がおさまっていく進行や変化を比較することができなかった。(原注 ホルナー博士[20]はこの重大な損失を修理する最初の機会を得た。それは予備のチューブによるもので、彼がイギリスにいた時に慎重を期して備えていたものだ。)荒れ狂う海は今や刻々と静かになってきた。そして自然界がさらに静まるにつれ、さっきまで胸をいっぱいにした死の恐怖は徐々におさまってきた。

朝になり雄大な太陽が昇り始めるのを見た時、誰もが喜びでいっぱいになった。太陽の光がこの時ほど、人間にとって崇高なものに見えたことはいまだかつてない。蘇らせるその力はわれわれの胸に、生き延びられたことへの深い感謝と感銘を与え、ちょうど水平線上にあがった天球を見つめながら、声を一つにして「主よ、その偉大なる、栄光とお恵みよ!」と叫ばずにはいられなかった。

艦を点検してみると、被害は思った以上にはひどくはなかった。しかしながら索具は大修理を要し、艦上の乗組員の精神は多かれ少なかれ打ちひしがれた。大量の家具が台無しになった。衣類、装身具、地図、海図、その他の重要書類は海水でびしょ濡れになった。日本皇帝への献上品の多くは、二重の保管箱にいれておいたが濡れてしまい、道具や武器は損傷した。高価な金のクロス、ビロード類も例外でなかった。これらのものを乾かすために甲板上に広げたため、ほとんど立錐の余地もなくなった。

十月二日の昼までは帆をあげられなかった。西から穏やかに風が吹き、北に進路をとった。夕方には西北西およそ四十五海里の距離に再び陸地が見えた。三日の午後、九州とよばれる日本の海岸から十五ないし二十マイルに近づいた。クルーゼンシュテルン艦長は、北緯三十二度十四分十五秒、西経二百二十八度十八分三十秒の地点の岬に対し、「チリコフ岬」、さらに南方、北緯三十一度五十一分、西経二百二十八度三十三分三十秒（日向灘沖）に位置する岬を「コクレイン岬(21)」の名前をつけた。

近づいた陸地は肥沃で、かなり美しい眺めであった。夜になると海岸沿いのあちこちに、多くのかがり火がさほどの間隔をおかずに見えた。これらはおそらく合図であろうと思ったが、長崎についたときにこの予想ははっきりと的中した。

日本の海岸近く、艦上で捕獲したフクロウ（ティレジウス画）

長崎近くの海岸風景と捕獲したスコップと呼ばれる日本の鳥
（ティレジウス画）

日本到着

十月四日、ファン・ディーメン海峡〔大隅海峡〕を通過した。日本の南海岸のこの部分に関する重要な地理学調査と確定は大部分、クルーゼンシュテルン艦長の優れた業績によるものであり、地図に示されている。われわれは大隅と薩摩の領地の南岸にそって航行し、時々かなり陸地に近づいたため建物や人の姿がはっきりと分かった。非常に多くの漁船その他の船があり、連れてきた日本人漂民(22)は何度も大声でかれらに聞こえるように呼びかけたが、なかには艦に近づいてくる船もあった。

薩摩の南東側は非常に美しい眺めの地点がいくつもあり、農地が極めて良く耕され、人口も多いように見えた。日本人には産業における高い考案力と農業の知識があることが解り、その点では土地は申し分のないものであった。段丘は最高地点にいたるまで段々畑に耕作されており、大きな木が生い茂る並木道は、肥沃な土地に並々ならぬ美しい景観を呈していた。十月六日、広い湾に到着した。湾は静かで、西の水平線上に数多くの岩山の小島があることがわかり、それらの間を通航する実験はしないことにした。そのため南に向かって引き返し、「ミヤコジマ」〔薩摩半島南西の宇治・草垣群島または甑島列島と推定される〕の周辺の海岸を通った。湾のなかの数多くの小舟が、日本の法律に従って警戒し、回避しながら艦に近づき、なんらかの会話に入ろうとしてきた。

十月七日、北に向かって進路をとった。早朝に「五島」の島々を見た。午後にこれらの島の南西岸、二ないし三マイルに近づいた。そこは薩摩ほどには木は生い茂ってはいない様子であったが、これ以上はないというほどに良く耕され、ほんのわずかにも耕されていない土地は見当たらなかった。これらの島々の南西地点は北緯三十二度三十四分五十秒、西経二百三十一度十六分に位置している。夜になって風が北東に向かって進路をとれるようになり、そして十月八日の早朝、九州の山と陸地を見た。そしてすぐ近くには長く待ち望んだ長崎の港があることが分かった。

夜明けに漁船が一つ見え、われわれはそれを歓呼して迎えた。漁夫たちは頭に帽子をかぶり、腰の周りを覆っている以外は裸であった。衣類がダメにならないように脱いでいたのだろう。かれらは禁制を無視して、艦にやってきて、与えたブランデーをいくらか飲んだ。そして四日前三本マストの船〔ナジェージダ号〕が海岸に現れたこと、それが夜のかがり火によって長崎に情報が伝えられたことを教えてくれた。そしてわが艦が港に現れた時、その情報は一番近い丘の上にある見張り番所に伝えられたのだ。そしてまた、オランダ船二隻が七月に港に到着していたことも教えてくれた。かれらは港に入る適切な方角を教えてくれ、艦は微風に乗ってゆっくりと進んだ。およそ一時ごろ、港の

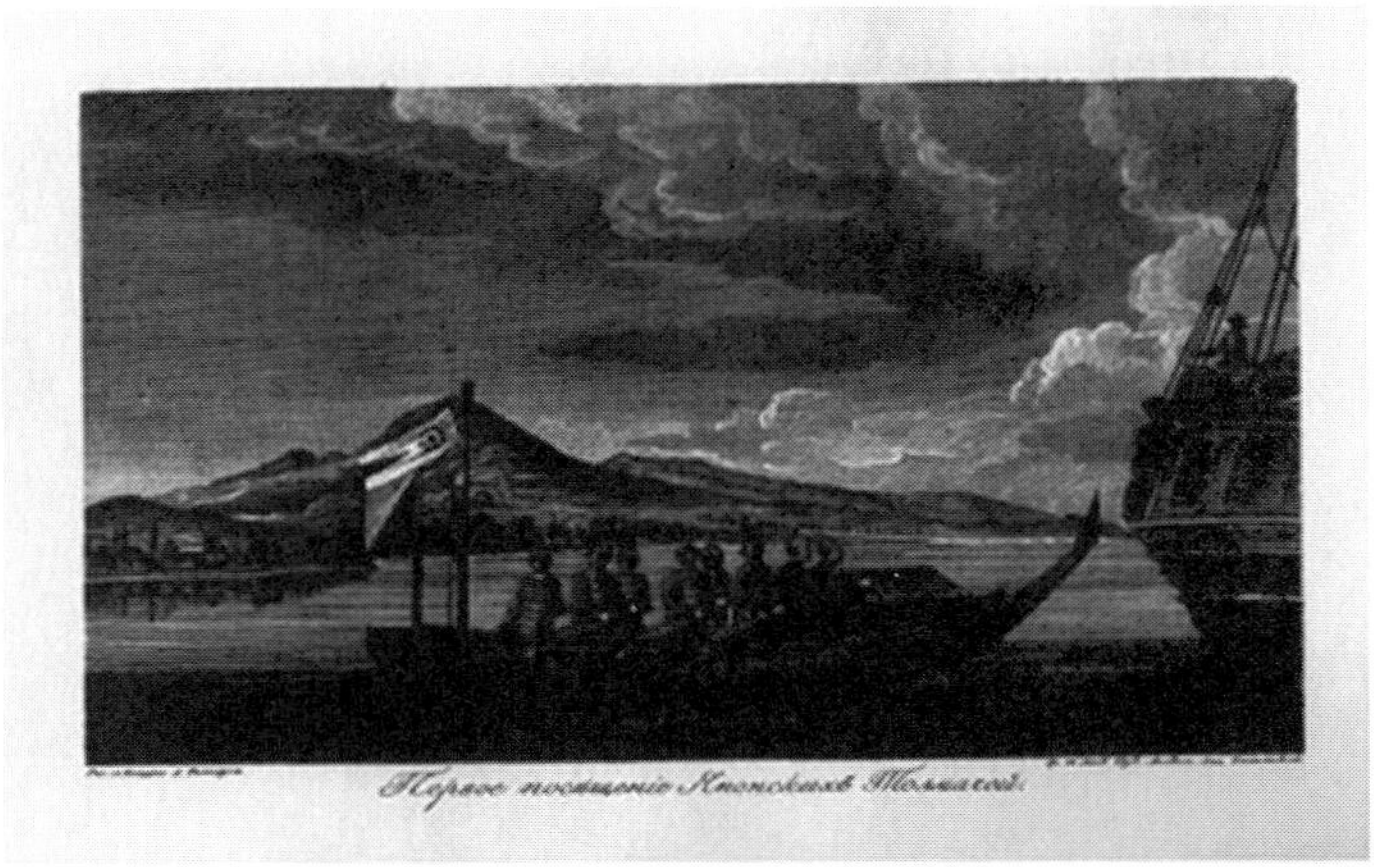

日本人通訳の最初の訪問（ティレジウス画）

入り口に到着した。

それから間もなく、信号があり、ブルーの十字の白旗を掲げた小さなボートがやってきた。多くの日本人が登場し、乗っていた二人の役人は艦に乗り込んできたい様子であった。彼らは最初、乗せてきた日本人についてごく簡単な質問をし、まったく普通の雰囲気になっていった。かれらはざっくばらんで、あけすけな表情をしており、とても友好的に、礼儀正しく迎える様子であった。「あなた方は誰か？　どこから、何のために来たのか？　使節は単独で日本にきたのか？　武装しているのか、どれくらい銃を持っているのか？　どれくらい航海をしてきたのか、また最後にどの港から来たのか？　どのような旗のもとに来たのか？」などなど、同様のことをいろいろと尋ねてきた。かれらは許可証を見せるよう要求した。そしてそれらを全部写しとり、何故それを十二年もの間使わず、今はじめてもってきたのかを尋ねた。かれらが言うには、日本中のどこでも知っての通り、ロシア船がかつて許可証〔信牌〕を与えられ、その後の四年間いつくるのだろうかと常に待っていたとのことだ。かれらが自信満々に言うには、ラクスマンによって連れ帰された日本人の一人が現在も長崎に住んでおり、ロシア人がやってくるときには通訳の役割をするつもりがある、とのことだ。（原注　この情報が本当かどうか結局のところ確認できなかった。）

しかしこれらの質問すべての主要な目的は、われわれが事実ロシア人かどうかを確認したかったからのようである。こうしたことから彼らは艦を離れる時に、ロシア語で書かれた小紙幣を渡すよう要求した。この時点ではその中身を見れば満足できることだったのだろう。二時近く、微風にのって長崎の町がある湾内部の入り口に到達した。五時から六時の間、二人の役人が乗った別のボートが来て、奉行の命令により、停泊すべき場所を指定してきた。彼らはわれわれの艦に夕方六時近くまで居残っていた。そしてパッペンベルク島〔高鉾島〕(24)、伊王島、福田岬（Cape Facunda）の近く、最短の陸地から四マイルの地点に水深三十三ファゾム〔水深測定単位。一ファゾムは二ヤード、一・八メートル〕に錨を下ろした。

長崎の港への航路

奉行から派遣されてきた役人は、奉行から託された投錨地指定の命令を実行したという証明書を受け取るまで、立ち去ろうとしなかった。ロシア語でしか書けないと言うと、大丈夫、長崎にはロシア語がじゅうぶん解る日本人がいるということをまたも言った。その結果、ラクスマン中尉によって帰還された日本人の誰かが今も長崎に住んでいるということは、彼らが推定しているにすぎないか、あるいはわれわれが長崎に滞在する間はわれわれと接触しないようにさせられているかのいずれかであろうと思われた。

第二章

日本滞在

長崎港への航路での出来事　―　高鉾島を前にした投錨地　―　停泊地の変更　（十月八日から十七日までの出来事）

長崎港への航路での出来事

ロシアの遠征隊が六か月間日本に滞在したことは極めて重要であり、また珍しいことでもある。かりにこの期間中に起こった出来事についてのこの記録がいささか付随的なものであったり、あるいは時々些末なことに入ってしまうことがあったりしても、ほとんどの読者にとって、私の言い分が弁護されるものだろうと信ずる。ことによっては私がうんざりしているように思われるかもしれないが、他人からすれば、現在ヨーロッパ人の間でほとんど知られていない日本人の気質や風習についてさらに大きな知識を得ることにおいて特別に興味深く思われるだろうと確信する。ましてやこの国民の性格を説明するに重要でないと思うようなものはないのである。退屈でつまらない記録によって居眠りを誘ってしまってはならないし、同じことを繰り返すことも避けようと強く願う。私がしばしばそれに引き込まれ、それがまさに本来の私の関心から起こったことであることが気がかりである。しかしながら、読者諸氏がこれらのページをめくり、数時間のうちにわれわれが六か月もの長きにわたる滞在を強いられた結果に至ることに、慰められるだろうと思う。

十月八日の七時頃、錨を下ろすや否や、何人かの役人がまたもや質問をしに姿を現した。夜に入ると少なくとも二十隻以上の大小の舟が艦を取り囲んで停泊し、これは警戒以外のなにものでもない灯りだろうと判断した。次から次へとメロンのような形をした小さな紙製のランタンが通り過ぎ、その数多くの提灯はとても素敵な光景を作り出した。十時近く数隻の船がやってきたが、そのなかには、今まで見たことがないような大きくて美しく目立った提灯をかざしていた。それらは二つのまったく明るく鮮明な灯りで、武装していることを表す透かし模様が飾られていた。

最初われわれは長崎の奉行が歓迎の訪問をしにきたのかと思った。しかし、その後すぐにわかったが、奉行所の身分のある人物が書記官をつれて、出迎えにやってきたのだ。そしてかれはその目的のために艦に乗り込んでもよいかどうかを求めてきた。これを認めると、下級の役人とオランダ語通訳（原注　通訳は日本人で、政府からオランダ語を学ぶ費用を支給されている。六十ないし七十名おり、オランダ商館はかれらの干渉なしには一切の商取引をすることができない。）数名が船室に入ってきた。そのなかに、見上げた客人、すなわち「大臣」（原注　中国人がなんらかの関わりをもつアジアの国ではどこでも、Great Man は身分の高い人物の称号である。日本では「大臣」であり、中国の Daishin そして満州の Amban である。）、オランダ通詞が呼ぶところのオッペルバンジョースト[24]〔Opperbanjos　検使〕を迎えることになった。まもなくして「大臣」が多くの家来をつれて姿を現し、そのなかに数名のオランダ通詞がいた。七人の男がわが儀仗兵に警護され、また太鼓が打ち鳴らされるなか船室のなかのレザーノフ使節にただちに案内された。かれらと会見するために、使節の騎士、艦の士官全員が集められた。

オッペルバンジョースト（原注　Banjos の称号は、「大臣」または、高い地位の政治家と同じ意義をもつものである。わたしはこの言葉がどこから引き出されたものなのか、はっきりとは理解できなかった。なぜなら、わたしの知る限り、それはオランダ語、日本語、また満州語のいずれでもないからである。）と書記官は自らソファーの上に足を組んで座った。何人かの召使は船室が至って明るく照明されているにもかかわらず、提灯と喫煙道具一式をもってきた。それは熱い燃えさしの入った容器と、タバコの入った入れ物、それから唾を吐く小さな容器を手にしていた。通詞は、ソファーのまわりに半円形になって跪いた。

これらの大臣が特別な用事があってきたのではないことが、すぐに分かった。かれらはロシア帝国の使節を歓迎するために任命されてきたというよりも、むしろある種の偵察隊として派遣されてきたようだ。すでに行った同じ質問を念入りに繰り返し、答えを直ちに書き留めた。質問事項のなかでも特に、ペテルブルグから長崎に至る航海の様子について聞いてきた。カムチャツカから来るとき朝鮮と日本の間を通過してきたのか、それとも日本の東海岸を航海してきたのか、そのコースに何日かかったのか。この最後の質問に対する答えは、かれらにとって特別に重要であることのように見えた。かれらはさらに許可証〔信牌〕の原本を見せてほしいと願い出た。そして最後に、日本における慣習について知らしめ、弾薬、大砲、マスケット銃と刀剣のすべては取り上げ、帰る時まで預かるとのことを説明した。そのうえさらに、翌日生鮮食料を提供することを約束した。

お辞儀をする日本人通詞
（レーヴェンシュテルン画）

レザーノフ使節は許可証を自分自身で奉行に見せるために、速やかに謁見ができるよう懇願した。そして弾薬と火器は、士官や兵士の携帯武器以外は預けることに同意した。使節はまた、停泊地がひどく風に悩まされているため、港のなかにより安全な場所を与えられるよう、懇願した。この要請については、翌日回答されることが約束された。

一時間以上の問答に疲れたあと、オッペルバンジョーストはオランダ商館長のドゥーフ氏[25]およびその職員数名がわれわれを訪問してもよいかを請うてきた。この要請にはたいへん驚いた。なぜなら、艦の近くの船にいたこれらの紳士は、われわれが許可するというよりも、日本人の許可を求める理由がもっとあったはずだからだ。

オランダ商館長が秘書官〔アヘ・イヘス〕を連れ、またその時港にいたオランダ商船二隻の船長、ムスケチール〔Arend Musquetier ヘジナ・アントアネット号船長〕とベルマー〔Gerrit Bellar マリヤ・スサンナ号船長〕とともに船室に入ってくるやいなや、かれらに「大臣」とオッペルバンジョーストに対して先に挨拶をするよう、通詞一人ひとりに命じられた。オランダ人はその儀式が行われる間、頭を下げ、挨拶が終わったことを通詞が告げるまで、ずっと体をまげたままの姿勢をしていなければならなった。すでに述べたように、船室のなかで通詞はみな跪き、「大臣」の一人と会話を始めた。かれらは跪き、両手をついて身を伏せ、話が終わるまで、頭を下げたままの姿勢でいなければならなかった。そしてヒーィというような音をだしながら息を吸い込むのであった。「大臣」は極端に低い声で話すので、聞こえているのか、理解するのが不可能ではないかと思われたほどだ。その語りぶりは随分と優雅で舌足らずのような、われわれの聴覚にはまったく印象を残さないものであった。通詞の答えはいつも「アイ、アイ、」と言うだけで、それは「はい、わかりました」を意味するものであった。深夜になって、全員が家路についた。

「神の島」長崎湾の風景

われわれはこの美しい入り江から少し離れたところに停泊した。海岸の上には美しい村が見える。四方から守られ、数多くのボートや小船が強風の時の避難場所となっており、またしばしば気持ちのよい景観を与えてくれる。前景にあるのはわれわれを護衛するための肥前侯所属の番船、その背景にある一番近い山は Lembon と呼ばれる。(ラングスドルフ画　口絵 F3)

十月九日の朝、特に記すべきことはなにも起きなかったが、いろいろな旗で飾った数多くの小船が艦を取り巻いたことに注目しておこう。多くの船には弓や矢が用意され、なかには大きな青と白の市松模様の羽織を被い、はっきりと目立つ存在である帝国日本の船員がいた。午後になると一艘の小舟が、鶏、鴨、大根、米、魚などの新鮮な食料を運んできた。それからすぐにオランダ通詞が一人やってきて、何人かの相当に偉い「大臣」が来ることを知らせにきた。彼らは奉行と同じ地位にある勘定役、奉行の書記官、そして番所衆が一人、日本政府の名においてわれわれを出迎えるために派遣されてくるという。

夕方五時頃、青と白の天幕、多くの幟、そのほか地位を表す印で飾った大きな船が、小太鼓を打ち鳴らす音、大きな整然とした叫び声とともに、数隻の船によって艦に向かって曳かれてきた。到着すると「大臣」が言うには、使節、艦長、そして士官が出迎えにくるまでは、われわれの艦に乗船することはできない、とのことだ。これに対しレザーノフ使節は、使節自らが出て行って彼らを出迎えることはその威厳にふさわしくないだろう、もしそれを要求するのであるならば、彼の名において歓迎を述べるために、自分の騎士を送るだろう、と答えた。何度かのやり取りをした後、かれらは、使節が出迎えのために船首楼に出てきてくれさえすれば、よろしいと言ってきた。何人かの士官を送り出し、「大臣」にヨーロッパ式のお辞儀をして挨拶し、艦に戻ってきた。同時に使節が船首楼に姿を現し、ドラムが打ち鳴らされ、軍隊の礼がなされるなかで、このお偉方を出迎えた。勘定役と書記官は船室に入ると自らソファーの上に座り、そして番所衆は椅子に座ったが、この三人はみな、前夜やってきた来訪者のように足を組むようなことはせず、ヨーロッパ風に座った。同様の喫煙器具を運ぶ家来がついてきて、通詞たちはかれらを半円形に取り囲むように跪いて座り、命令を待つのであった。

この訪問の主要な動機はつぎのような点に規定されるであろう。第一に、この国の古来の法律のおよぶところにより、すべての武器、すなわち大砲、マスケット銃、ピストル、刀剣、サーベル類は直ちに政府に配属され、われわれが出発するまで預けなければならないことを要求するものである。

これに対して使節は、次の点を条件に同意した。第一に、使節自身および士官には正装の必要部分として帯剣することが許されること。それは自らの尊厳を失わないために、手放すことはできない。第二に、儀仗兵七名は同様に帯剣を許されること。ロシア皇帝は使節のためにこうした護衛を指名したのであり、それがなければ使節は姿を現すことはできないと。

この最初の条件は直ちに同意を得られたが、しかし二番目の条件はなかなか難しいものであった。通詞は、これはこの国においては絶対的に法に反するものなので、なんとかこの条件を優先してほしいと使節に対して懇願した。この国の筆頭の諸侯でさえいずこにおいても、銃を露わにして姿を現すことは許されない、それらは常に箱の中にしまわれなければならない。日本人は使節に対して、かれらの流儀にしたがった最大の護衛をつけることを提案してきた。もしも外国人が武器を手にしているのを見たら、民衆はまったく驚いてしまうだろう、そうしたことはまったく聞き及ぶところのものではなく、さらにおそらく朝廷が受け入れられない要請であることは確かである、と使節に言ってきた。しかし、こうした陳情にもかかわらず使節は自分の要求に固執し、その時は返答が得られなかった。まずもってそれ以上の命令を受けなければならない、おそらく指示を受けるために江戸に急使が送られるのだろう。

ラクスマン中尉に与えられた許可証の原本を提示するよう、奉行の名において要求がなされ、それには応ずることになった。

ロシア皇帝から日本皇帝に対する書簡(26)を求められ、奉行がその中身について完全に解るまでは、艦が長崎の港に入ることは認められないとのことを念押しされた。使節はこの要求に対し、番所衆と通詞に書簡の写しを読むよう渡し、彼ら自身がその内容を全部理解するよう、そしてロシアの君主が原本を日本皇帝自身の手に、またその写しを長崎の奉行に渡すことを使節に厳命したことを述べた。

「大臣」は書簡を注意深く検分した。それはロシア語、日本語、満州語の三か国語で書かれていた。しかしかれらは直ちに、その手書きの文章が極めて悪い上に、俗語で使われる言葉にすぎず、まったく一語も理解することができないと言った。そして、奉行自身がそれを手にしなければならないし、その内容を正確に知らなければならず、使節の見解を完全に知る必要があると言った。これに対しレザーノフ男爵は、奉行への速やかな謁見が認められるようあらためて要求し、「大臣」に謁見の場において書簡の内容、および皇帝からの使節として派遣されてきたその見解を十分に説明するだろう、と言った。書簡の中身に関して特別に心配されていることについては、書簡は全ロシアの皇帝君主が日本帝国とのあいだに強い友好と通商の関係を結ぶことを熱望していることを手短に述べているものだと、言うだけだった。ここで使節は、この同盟関係の条件はいかなるものであるかを尋ねられた。それに対し使節は、かれが君主の有能な代表であり、二国間に強固で永続的な友好関係を確立するために、状況に応じて条件を取り決める全権を与えられていると答えた。このことは来訪者に強い印象を与えたようだった。

より安全な停泊地を求めた要求については、日本政府がレザーノフ使節の見解や目的に不信があった場合には、直ちに退去させられるだろうという確認をともなっていた。その場合には、友情の行為として、先の嵐によってひどく損傷した艦を修理し、再び安全に航海に出られるよう、停泊地が割り当てられることだけが要求できるにすぎない。この点については、弾薬と武器の引き渡しが終われば直ちに、艦はパッペンベルク島の西側に錨を下ろすことが許されることで合意された。したがってその時点では、すぐにでも管理下に置けるよう、多くの小船が取り巻いていたのだから、艦はまさに降伏状態になったのである。

暗くなってきて、弾薬が運び出される間、役人たちは夕食を食べるために自分の船に乗り込んでいった。そして艦を適当な数の小舟によって停泊地にむけ引っ張っていくよう命令した。そのやり方は、われわれに大きな驚愕をもたらした。六十艘もの小舟が五列に分けられ、それぞれを強靭な綱で結んでいた。このようにしてわが艦は極めて整然として曳航され、二時間のうちに新しい停泊地に運ばれていった。

この日オランダ商館長のドゥーフ氏、そしてムスケチールとベルマーの二人のオランダ船長が、オランダ人旅行者フォン・パプスト男爵〔Baron von Pabst バタヴィア軍隊の将校、療養のため日本航海中〕を連れ立ってわれわれを訪問する許可が与えられた。かれらはドイツ語、フランス語、英語が解るので、またわれわれが怪しげなオランダ語しか話せないので、滞在中、どのようなことでも役に立つことができると提言してきた。

ドゥーフ氏が船室に入ってくると、かれは直ぐにレザーノフ使節に身を向け、正式の挨拶をしようとした。ところが通詞が丁重にかれの腕をとり、優しく向きを変えさせ、最初に「大臣」に対して挨拶をしなければいけませんよと言った。その挨拶は、われわれの考えによれば、極めて屈辱的な作法で行われた。なぜなら大臣の前でしばらくの間頭を下げたまま立ち、両手を垂直に両脇にぶら下げ、どのようなことがあっても頭をあげてはならなかった。かれはしばらく考え、その姿勢を十分長く保ってから、半回りほど向きを変え、通詞に Kan ik wederom opstaan?〔頭をあげてもよろしいですか？〕と聞いた。このような挨拶を書記官、番所衆にもしなければならなかった。そうした後にはじめて、レザーノフ使節に対して挨拶をすることが許されたのである。

十一時近くになり、勘定役と書記官が去っていった。しかしかれらが出発する前にオランダ人はふたたび「大臣」に挨拶をするよう求められた。パプスト男爵は、さっきはこの従属的態度がオランダ人の性格とまったく両立するとは考えなかったが、この挨拶

「頭をあげてもよろしいですか？」
（ナジェージダ号上で日本人とオランダ人を迎える　レーヴェンシュテルン画）

から逃れようとして船室から隠れてしまおうとした。ところが油断のない通詞が彼を呼び止め、「パプスト殿！　大臣への挨拶をするまでは、あなたは行くことはできませんよ」と言った。彼は仕方なく戻らなければならなかった。この屈辱的な習慣に従わなければならず、た。これは彼ら洗練されたオランダ人たちと交流することができた唯一の機会であった。後になって彼らが非常に優秀な人間であることを確信するにいたる十分な理由があった。(27)彼らはこれ以降、われわれを訪問することを許されなかった。およそ一時ごろ、彼らは番所衆と一緒に帰っていった。

十月十日の朝、パッペンベルク島の西側、わずかの距離のところに錨を下ろした。前に広がるこの国は極めて美しい眺めであった。

丘陵のほとんど頂上にいたるまで耕されており、段々畑の肥沃な農地が下り坂全体に光彩を添え、ところどころ牧草地で仕切られ、小さな林や木立が入り混じっている。多くの集落や一戸建ての家がその光景に加わり、勤勉に働く農夫の動きは大いなる生命と活力を与えている。一番近い海岸の上に、いくつか大急ぎでつくられた壁があるのが分かった。それらは中に家や庭があり、様々な色の幟が飾られている。教えられたそれらの壁は、砲台もしくは要塞〔長崎港入り口に大多尾（太田尾）、女神、神崎、白崎（魚見台）、高鉾、長刀岩、カケノ尾の七か所の石火矢台〕であった。周りには今や三十三隻の番船や小舟が取り巻いている。それらのうちの三隻は艦に常に近づき、食料や、通訳、その他必要なものがあれば指令を受けるべく待機している。

夕方五時近く、ふたたび日本の小型船隊が現れた。花綱で飾られた大きな船が、打ち鳴らされる太鼓と、漕ぎ手の大きな掛け声のなか、艦に向かって曳かれてきた。番所衆一人、書記官、そして何人かの通詞である。そのお連れは、全体としてこれまでのような大人数ではない。今度の訪問の主要目的は、日本朝廷にあてられた書簡の中身にかんして再度質問することであった。前日使節が国書の写しを自ら長崎奉行の手に渡さなければならないと言ったため、通詞は、われわれの長崎到着を江戸に知らせるため、急使が送られようとしており、奉行がそれを一語一語正確に解るように、求めてきているとのことである。レザーノフ男爵はそこで番所衆に対し、その写しを読むようにと与えた。しかし番所衆は、前日大臣が述べたように、その手書き文書は極めて悪く、大部分の言葉が理解不能であると言った。

通詞はそこで、あらゆる誤解や曖昧さを防ぐために、国書に含まれる主要な題目の正しい意味は何かを求めてきた。そして語彙をできるだけ正確にするために、一つ一つ区切って読まれるごとに、三～四回それを繰り返してから書き留めるようにした。それは次のように伝えられたのである。

「レザーノフ男爵は、全ロシアの最強なる皇帝により、日本皇帝に対する代表使節として遣わされた。ロシア船を長崎に送ることが許されたことに感謝し、それと同時に両国の間に友好と親善の関係を末永く結ぶことを提案するものである。そしてかの〔ロシア〕臣民の恩恵のために、とりわけ隣国日本の臣民のために、すなわち、北アメリカ西岸のロシア領土、カムチャツカ、アリューシャン、クリール諸島の住民に恩恵を与えるために、日本との間に通商関係を確立することを望む。広大なロシアの領土から有用な産物を手に入れる手立てをあたえることになり、ロシア皇帝はこのことが日本にとっても有益であると信じる。この目的のために、ロシアのどの領地においても、また何時いかなる時においても、日本人を最も友好的に迎えるべく命令を下した。難破してロシア領土にうちあげられ、母国に帰ることを望んだ四人の日本人漂民をここに返還する。ロシア皇帝は一七九二年にラクスマン中尉に示された丁重なる扱いに対する感謝の念を返すものとして、いくつかの献上品を贈るものである。これらは大した価値のあるものではないが、ロシアの産物の見本であり、ロシアの工芸技術の水準を示すものとしての意味があり、日本人にとって有用であり、歓迎されるべきものであろう。」

これらの献上品の主なものは、象の形をし、東洋の趣味にあった、宝石で飾られたかなり高価な職人技の時計、高さ十五フィート幅六フィート、多くの小さい鏡がついた巨大な姿見が二つ、とても高価で精選された黒の狐革の外套、アーミン〔オコジョ〕の毛皮の外套、アルハンゲリスクで作られた象牙の化石の花瓶、美しい装飾がついたマスケット銃、ピストル、サーベル、ツーラで製造された多くの鉄製品、豪華なガラスの下げ飾りや花瓶、食卓用の美しいグラスや陶器、タペストリー、その他の絨毯類、マダム・ル・ブリュン作のロシア皇帝の肖像画、マーブル模様の花瓶、ダマスカス織、ビロード織、その他さまざまな絹製品、見事な革製品、プリントした綿の布地や衣類、金や銀の時計、それに完全な発電装置（原注　これは他のなによりも日本人の注意を惹き、驚きと興奮をもたらした。訪ねてきた番所衆、大臣は誰でも、電気の作用を感じ、なんらかの実験を見たいと願わないものはいなかった。）、素晴らしい顕微鏡、直流電気のプレート、その他数々の品々、これらは総額およそ三十万ルーブルの価値がある。

国書が読み上げられた後、連れてきた日本人漂民が港に到着して以来、世話を受けることを一切拒否しているその行動や振舞いに関して、番所衆が不満を述べる場面があった。漂民は直ぐに番所衆の面前に呼び出され、厳重にたしなめられた。それは、ロシアにおいて長年にわたり養われ、保護を受け、あらゆる面倒をみてもらった上に、たいへんな費用をかけて祖国に連れ帰ってくれたにもかかわらず、そうした振舞いは恩知らず極まりないものであり、国全体に恥をもたらすものだ、と。

主要な課題が終了し、奉行所側からの任務が完全に遂行された時、「大臣」は非常に丁重で慇懃な礼儀を示した。その作法はかれらが先に行ったものであるが、レザーノフ使節はその丁重さに遅れをとるまいとして、日本皇帝にたいする国書の写しを自発的にかれらに与えたのである。それは前日には渡すことを強く拒絶していたのであるが、奉行に読んでもらうよう、かれらに持っていってもらうことにしたのである。この光景は言い表せないほど喜ばしいものに見えた。誰にとってもこれから先のことがじゅうぶん満足すべきものに見えてきた。これまでは儀式であったものが、今やはっきりと友情に変わっていくように思われたのだ。

続いて通詞が、提案される通商の品目に関して多くの質問をしてきた。それらはすべて、かれらの小さい手帳に書き込まれた。それが単なる好奇心から質問してきたのか、あるいは政府からの任務からであったのかは、はっきりしなかった。そのほかに、次のような質問がだされた。取引の物品として、ロシアは日本に対してどのような産物を運べるのか、また運んでこようとするのか？　砂糖、ライ麦、毛皮、医薬品、その他多くを提供することが可能なのか？　日本に対して一年にどれくらいの数の船を送ることができるのか？　そうしようとしているのか？　四隻か、五隻か、あるいはそれ以上か？もし来るとなった場合は、カムチャツカからか、あるいはヨーロッパから来るのか？どれぐらいの日数がかかるのか？　日本からカムチャツカに行くのに、何時が一番よい時期か？　これらの質問に対してはすべて、専門用語で答えるだけであった。レザーノフ使節は、このように様々な物事に一度に立ち入ろうとするのは不可能だ、今後の議題にすべきでしょう、と言った。この返答に彼らは満足したらしく、話題を変え、いろいろな題目で会話を始めた。

そのほかの話題のなかで、とりわけカムチャツカと日本との地理的な位置関係を理解しようとしていたようだ。ロシアがアメリカに領土をもったことはかなり行き過ぎではないか、そして地図を何枚か広げて見せてくれるよう請い、地理学上のかなりの知識を披露した。世界地図を広げると、オッペルバンジョーストはわれわれが来た航路を、われわれが描いたように、自分の指で示した。なぜ日本の東海岸回りで長崎に来たのか、朝鮮の海をなぜ通ってこなかったのかをむやみに聞きたがっていた。

レザーノフ使節はこの機会をとらえて、ロンドンのアダムズ製の小さいポケットサイズの地球儀を見せたが、訪問者たちはこれに大喜びであった。かれらは地球が丸いことは良く知っているが、こうした方法で見せられるのはまったく新しいもののようだった。番所衆は近眼で、非常に質の悪い眼鏡を使っていた。イギリス製の優秀な一対を差し上げようと言ったが、かれは奉行の許しがでるか聞いてみなければならない、と言って受け取ろうとしなかった。お許しがなければ、どんな些細な贈り物であっても受け取ることはできないとのことだ。しばらくして彼は使節に対し、この件に関して奉行からの許しが得られるまで、眼鏡を貸してもらえないかと頼みにきた。

通詞の何人かは、正式にはロシア語通訳のために雇われているのではないのだが、ロシア語をぜひ学びたいと願っていた。彼らが最初に聞いてきたのは、「これを何と呼びますか？」をロシア語でどのように言うのかであった。これを教えてもらうことによって、彼らはいろいろな物事の名前を質問し、数字を知りたがり、ロシア語で「良い」「悪い」「お早う」「さよなら」はどう言うのか？　そうして得た知識をすぐに使い始めた。かれらの好奇心の強さ、学習意欲、記憶力のよさに、われわれはすっかり驚いてしまった。最後に番所衆は、翌日は大きな祝祭日(28)（オランダ人が言うには、それはケルメスKermes〔市〕という）であるので、艦には誰もくることができない、と告げた。しかし翌日になると、長崎奉行は江戸からの急使が帰ってくることが予期され、完全な指示を受け取れるだろうと期待している、それが到着するまでは、艦が現在の投錨地にとどまることで納得してほしいと懇願しなければならない、われわれの望みを満足させるためそれ以上の審議や措置はそれまで引き延ばさざるを得ない、とのことだ。しかし、損傷を受けたと思われる献上品の荷物は直ちに開けて、検分するのであれば、遅れることなく大きな船を艦に横付けして、受け取りによこすことができる、と言ってきた。この提案に関しては、答えることはしなかった。朝八時ちかく、番所衆は、この数晩にわたってお邪魔をし、休息の時間を奪ってしまったので、今日はこれ以上迷惑をかけることはない、と言ってきた。そうこうして彼らは自分の船に戻り、いつもの儀式通りに小船に曳かれて帰っていった。

十月十一日は、彼らが知らせてきた通り、大きな祝祭日であったので、一日中すっかり自由になった。いつもより艦を取り巻く番船の数が多いように思われた。新しい関係を結ぼうと努力しているこの国の人々について、われわれはお互いに、意見を述べあった。日本人の過剰ともいえる親密さ、何事をするにも用心深い態度、それは最高の地位にある人間でさえも、小さな誤りを犯すことが命にかかわるのではないかと思わせる。どのように考えるか、どのような質問をするか、どのような言葉を使うか、あらゆる点で最善の作法をとることに重みがあり、なんらかの特別な目的をもってするかのようであった。

十二日の夜明け、パッペンベルク島の反対側に停泊していた五隻の中国ジャンク船〔平底帆船〕が海に出た。日本の小舟によってわれわれの艦がいたあたりの近くまで曳行されていった。多くの水夫の叫び声、どうしようもないといった様子、ほんのわずかな距離を引っ張っていくためにかける時間と困難な作業、一枚の帆を広げるにしろ、ひどく貧弱な船の構造のありさまは、中国人が船の建造技術において、他の大国と比べていかに遅れているかを確信させられた。これらの船は順風の時しか帆走できず、ヨーロッパの船にとっては少しだけ変えるだけで何でもないことなのだが、かれらは二度も港に引き返してこなければならなかった。そしてやっとのことで北東風が続いたおかげで海に出ることができた。

この日十一時ごろ、旗をなびかせ、太鼓を打ち鳴らしながら、非常に多くの曳き船を伴って「大臣」の乗った船がやってくるのが見えた。奉行が二人の秘書官を遣わしてきたのだ。彼らはたくさんの言い訳をしながら、二日前に大いに喜んで受け取り、オランダ語に正しく忠実に翻訳するよう懇願した国書の写しを返しに来たのだ。彼らが言うには、書簡も言葉も確かに日本語で書かれてはいるが、何を意味しているのか理解することは不可能であり、どのようにしてもその脈絡すら推定できないとのことだ。（原注　書簡は、既に述べたイルクーツクに住んでいた日本人漂民のうちの一人によって翻訳されたものだ。しかしながらこの翻訳者はかつてただの漁夫に過ぎず、彼から文章のスタイルの正確さはあまり期待できない、と言わなければならない。）このことに関して、これ以上の面倒やいらだたしさから救われるために、できる限り各センテンスに区切って説明をした。しかし残念ながら、正直に言って、われわれのほうでも誰一人オランダ語を理解する人間はいなかったといえる。私がすでに通詞についての感想を述べたように、彼らの理解力の素早さこそが、今や最大の助けであった。

翻訳が完了したとき、かれらはわが使節が派遣された見解に関する別の考えをもったようだ。例えば、日本語の翻訳においては、レザーノフ使節は王室の侍従に任命され、かれの官職は小国の領主のものと似たものだと表現されている。しかし、使節の実際の地位や爵位を知ったとき、かれらはその官職の鍵となるもの、位階を示すリボン（勲章のひも）を非常に注意深く調べた。そしてロシア皇帝は外国の君主に対して勲章を与えることができるのか、例えば日本の皇帝に、あるいは長崎奉行といった序列に対して叙動できるのかを、いたって素朴に聞いてきた。彼らは今やわが使節の位階について十分に理解したにもかかわらず、ロシアの皇帝が自ら書簡を書いたことについて、そのようなことは日本の皇帝は決してなさることはないと、たいへんな驚きを示した。彼らが言うには、この国においては統治する皇帝の名前(29)でさえ、完全な秘密になっているとのことだ。臣民たちは、かれらを支配してきた人物がどのように呼ばれるのか、その死に至るまで知らないのだ。

連れてきた日本人漂民がそこで「大臣」の前に紹介された。彼らはロシア製の絹の衣装を着せられ、各人がロシア皇帝から贈られた銀時計と二十ダカット金貨を見せた。通詞はわれわれに対してロシア語で指示するようにと頼んできて、またわれわれに面倒をかけないために日本語で指示したいと言ってきた。ここでの風格ある人物は一様に仕草が丁重で、礼儀正しかった。しかしかれらの言葉や衣装に関して言えば、われわれ自身もほとんどの洗練されたヨーロッパ人のなかで同様に紳士的であったといえるだろう。

夕方五時ごろにすべての課題は終了した。彼らは翌十三日もまたケルメスの祭日であり、誰も来ることはないだろうと言ってきた。しかし翌朝、質問のいくつかに対して彼らが答えをきっと持ってくるだろうと思った。中国のジャンク船は逆風のために、午後になってふたたび港に戻ってきた。翌日は一日中、膨大な数の小舟に取り囲まれた。警戒態勢が解かれ、船頭らが衣装を替え、いつもの衣装で姿を現したのが分かった。そのため明らかにかれらの実際の仕事の時だけの、そろいの着物姿であった。

十四日、強い北風が吹き出し、徐々に強くなった。屋根なしの小舟は、わが艦を取り巻くかれらの持ち場を離れ、パッペンベルク島の背後に避難しなければならなかった。船乗りたちは非常に大きな叫び声で騒ぎ、命にかかわる危険が迫っていると思ったようだ。この時多くの商船が、おそらく同様に避難しようとして港に入ってきた。この強風のために、この日は終日新鮮な食料を受け取ることができず、塩漬けの肉で満足するしかなかった。

十五日の朝、食べ物が届けられ、前日来られなかったことをたくさん言い訳した。食料は、ジャガイモ、カブ、大根、豚肉、魚、パン、米であった。十一時頃、天気が良くなり、番所衆が家来を連れてやってきた。レザーノフ使節は度重なる儀式と絶え間なく繰り返される同じ質問に疲れていたので、今日は「大臣」をいささか冷淡に応対し、自分はあまり具合がよくないと言った。番所衆は、長崎に新しい奉行[30]が到着したことの知らせを持ってきたが、これまでの奉行とともに、艦はまもなく港に入ることが許されるだろうし、今後食料は間違いなく届けることを約束した。かれらは共に使節に対し高い敬意と友情を確かなものにし、しばらくの間辛抱願いたいと懇願した。もしも使節がラクスマン中尉のような位の低い人物であったなら、もうとっくに港に入れられていただろう、だが使節は非常に重要な人物であるからこそ、使節をどのように迎え入れるべきか、何事もその地位や位階にふさわしいものにすべく準備をするために、朝廷からの命令を待たなければならない、というわけだ。使節は、ひとつは自分の健康がすぐれないため、また損傷した艦の修理をするために、より安全な停泊地をできるだけ早く割り当てるよう、真剣に強調した。そして通詞はその要請に対しては翌朝返答をもってくると約束した。

それに続く会話のなかで、通詞が言うには、両奉行〔成瀬因幡守正定、肥田豊後守頼常〕とも、ロシア皇帝の代表者の偉大さと位階について一致した考えをもったこと、そして長崎及び近隣の住民に限らず国の諸侯すべてに対して、ロシアからかくも著名な人物が到着したことを知らしめるだけでなく、この大人物とすべてのロシア人に対して最大の敬意をもって迎え入れるべきこと、どの場においても不愉快なことを起こさないよう十分に注意すべきことの命令を下したとのことだ。彼らが言うには、使節を迎えるために、この国の諸侯と栄誉ある人物すべてが長崎に呼び集められ、またこの機会に町自体が清掃されるとのことだ。（原注　私はこれが何を意味するのか解らない、なぜならこの町の通りだけでなく、あらゆる町のすべてが常に驚くほどに清潔であったからだ。）それと同時にかれらは、常に艦を取り

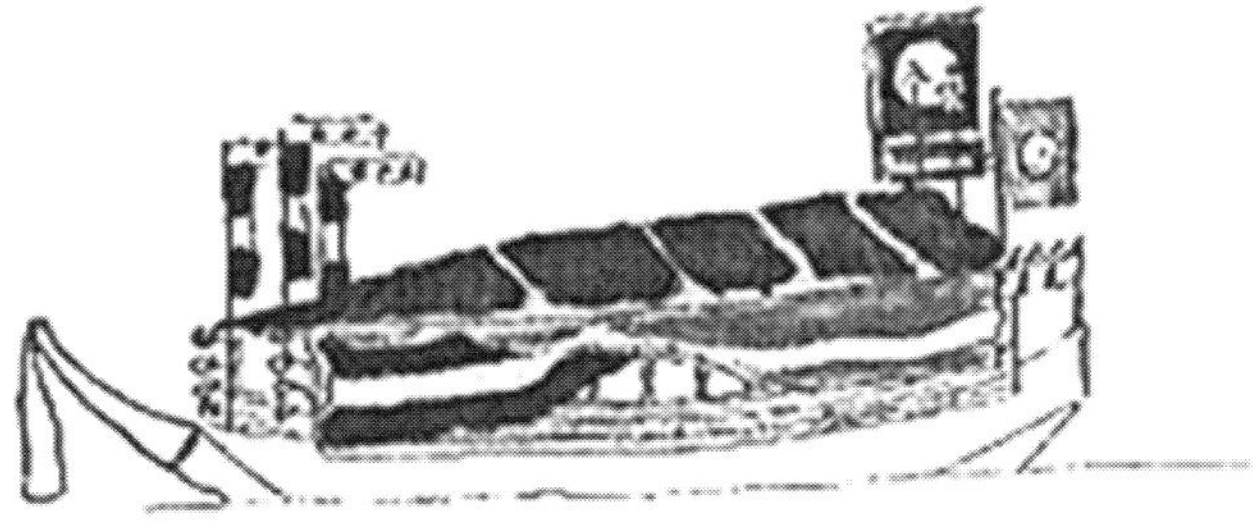

オッペルバンジョーストの小船（レーヴェンシュテルン画）

巻いている船は護衛のためのものであることの理解を求めてきた。昼近くになってかれらは停泊地の変更に関する答えは、翌日もってくるとの約束を繰り返しながら帰っていった。

停泊地の変更

今日はすっきりと晴れ上がった素晴らし天気になり、周辺に幟をたてた膨大な数の遊覧船が漕ぎまわっている。そのほとんどは女性でいっぱいで、地位のある婦人のように思われた。彼女たちは艦の物珍しさに引かれ、一目見ようとやってきたようだ。しかしながら警備の線からなかには入ってきてはならない。中国のジャンク船は今日ふたたび海に出ようとしたが、この前よりも少しもうまくゆかず、また港に帰ってきた。まったく思いもよらなかったことだが、使節の半ば仮病の具合の悪さが実に愉快な結果をもたらした。その夜九時ごろ、通詞が両奉行から嬉しい知らせをもってやってきた。翌日早朝に艦がもっとよい停泊地に移れると。彼らが言うには、この知らせが使節の心を癒すことになるだろうと、またかれらはそれ以上に、両奉行とも使節の具合が悪いことについて極めて心配していることを伝える任務を負ってきたのだ。

十六日の朝八時ごろ、少なくとも百艘以上の曳き船が同じ幟をたてて艦に近づいてくるのが分かった。それらは番船によってそれぞれ命令を待つまで停船させられた。十時に番所衆の何人かがいつもの儀式のとおりにやってきた。かれらは両奉行の名において、使節の病気についてたいへん悲しく思い、使節が同意されるならば、あらゆる可能な世話を、また日本人の医者を診察によこすことを提案してきた。（原注　この状況はあとで説明するが、十分注目に値することである。）それと同時に、艦がその日パッペンベルク島の東側のより安全な停泊地に移されるだろうと知らせてきた。そして使節が強く要請した港の内部に運ぶことについて、それができないとの言い訳として、次のように言った。商船の間にあって貴艦が錨を下ろすことは、特別に高貴な人が乗艦しているロシア皇帝の戦艦に対するふさわしい敬意を表することにならない、しかし、オランダ船がまもなく港を出ていくので、艦はその後その場所に停泊することになるでしょう、とのことだ。

その話はわれわれにとってまったくのお笑い種でしかないと思ったので、この論法にはまったくついていけなかったが、通詞の一人が付け加えた。使節を迎えるために呼び寄せられたこの国の大諸侯の何人かがまだ到着していないそうだ。かれはさらに話を進めようとしたが、他の通詞の一人が実にはっきりとした合図をしたため、途中で話を止めた。ところでここで言っておこう。かれらが訪問してくるほとんどそのたびごとに、「大臣」、通詞など、新しい人間がやってくるのだ。これはほぼ間違いなく、政府の疑い深い気質に起因しているものと思われる。政府はこうすることがより安全であると考え、いかなる秘密の諜報機関も許さないと考えるのである。そのたびごとに代わる新しい役人や通詞(31)は前任者にたいするある種の点検者であり、その返答を比較し、各報告者が信

「使節の最初の出発」（レーヴェンシュテルン画）

用できるかどうか、最大限の正確さをもって確かめようとするのである。

十二時ごろ、錨が引き上げられ、艦はパッペンベルク島の別の側〔東側、神崎沖〕に曳行されていった。ここで初めて、数マイル向こうに長崎の町を見た。番所衆は、この停泊地の変更のあいだ艦に居続けていた。地理学上の知識は、とりわけ彼らの注目をひくものであったようだ。これまでの訪問者と同様、大ロシア帝国の位置、領土の広さ、人口についてあらゆる限りの情報を非常に欲しがっていた。かれらは地図を広げてわれわれの来た航路を辿り、ある地点から別の地点までの距離を非常に細かに質問してきた。かれらはポケットサイズの地球儀を見せてくれと言い、それは長崎ではどこの集まりでも大きな話題になっており、さらにロシアの美術工芸品についていろいろと多くの質問を浴びせてきた。その見本をかれらに見せてやった。かれらは天体観測の器具に非常に驚いていた。そして、その使い方を全然知らないにもかかわらず、好奇心から、なんと太陽を見ようとしたのである。わたしがこの状況をあえて述べるのは、日本人が宗教的迷信から太陽や星を見ようとはしない、という大いに広まっている誤った考えを正すためである。

一時ごろ艦が新しい場所に錨を下ろしたので、番所衆は帰っていった。午後になって信じられないほどの大小さまざまの船が数多く、男も女も、特に女性をいっぱいに乗せて長崎の町から見物にやってきた。ロシアの船を一目見ようと好奇心を満たすためにやってくるが、どれも警備の線の内側に入ることは許されない。隣の丘の下り斜面には竹矢来で囲まれた家が見えた。その前には目隠しが張られ、それが政府の番所〔訳注　寛永年間に長崎港入り口の東側に戸町番所、西側に西泊番所が設置され、筑前藩と肥前藩が交替で各五百人、合計約千人の番人で警備に当たった〕であることが分かった。夜になるとこの番所は、われわれを取り囲む番船とともに、たくさんの提灯で照らし出され、それはとても明るい照明になった。

日本の要塞

ここに示した要塞は、長崎湾の内部の入り口近く、陸地の左地点にある寺から遠くないところにある。前景には、ロシア艦を見ようとする好奇心からやってきた女性たちが乗っている。(ラングスドルフ画　口絵 F4)

第三章

高鉾島の背後の道

十月十七日から十一月九日までの出来事　―　番所を前にした停泊地と交渉　―　停泊地からの出発そして梅が崎上陸

十月十七日から十一月九日までの出来事

十七日から二十一日の間は、特別な出来事はなにも起こらなかった。毎日町からロシア船を観賞しようと、大勢の見物人がやってきた。そのなかでも、肥前侯の船は最高に豪華で、目立っていた。肥前侯自身が乗船していることを示すために、船は幟、竿、弓、矢、マスケット銃、その他の名誉を象徴する様々な記章で飾られている。マスケット銃はすべて飾りのついたケースに収められている。大太鼓が音を小さくするように打ち鳴らされ、そして漕ぎ手の大きな掛け声がかなり遠くの距離からでも聞こえてきた。

大勢の人が見物にやってくる光景は、かれらがわれわれを見る以上に、われわれにとってたいへん楽しいものであった。時々、十歳から十四歳ぐらいの子供がいっぱいに乗った小船がやってきて、あたかもロシア人を見学するために学校全部が連れてこられたかのように思われる。そのほかに女性が乗った船もあり、着ている衣装から判断すると高い地位にある婦人に相違ない。胸に赤ん坊を抱いた母親、弦楽器をもった若い娘。なかには望遠鏡を持っている人もおり、かわるがわるそれを手渡ししている。要するに老いも若きも、既婚者も未婚者もすべてその好奇心を満足させようとやってくるのである。婦人のなかで、既婚者は歯を黒く染めているので簡単に見分けがついたが、彼女たちは嬉しくてしょうがなく、笑ってばかりいるので、その光景にはしばしばうんざりさせられた。未婚の女性にかんしては、歯が黒く染められていることはない。

近くの町もまたたいへんな活気づき様だ。停泊しているところに近い海岸には、町からきた多くの人が集まり、丘のふもとにある小さい寺は、ひっきりなしにやってくる見物客の娯楽場所になった。これら陸上の人の集まりを見るのは、海上の見物客を見るのと負けず劣らず、楽しいものがある。かれらはグループになって座り、持ってきたご飯や食べ物を食べる。それから寺を見物したり、歩きまわったり、ほぼ一日中このありさまだ。食べ物はたいてい美しい日本の箱に入れて持ってきて、フォークの代わりに二本のスティックを使って食べていた。

二十一日、温度計は十度を下回った。それまでしばらくの間かなり暑い日に慣れてきていたので、かなり寒く感じた。天気は良く、晴れ上がっているが、船はほとんど見えない。午後になって通詞が一人だけやってきたが、番所衆はついてきておらず、かれは艦に乗船しようとはしなかった。そのために彼は自分の任務を解除するために、われわれのほうから誰か自分の船に来てくれないかと頼みにきた。それから彼は懐から次のような奉行からの指示と提案の内容を含んだ書類を取り出した。

第一、翌日オランダ船が停泊地を離れる予定であるが、古来の習慣により、その出発にあたっては日本帝国の要塞に対してすべてのオランダ船が礼砲を放つことになっている、多くの大砲が放たれることについて理解願いたく、その知らせをするのが適当と奉行は考える。

第二、オランダ船または近隣の無人島に対し、ボートやバーク船を送ることはしないでもらいたい。オランダ船に対しても同様の要請をする。

第三、必要とする食料品はすべて無償で送ることになる。誰であろうと物を売って金にすることは許されない。したがって数日前に使節から要請のあった日本製の煙管は送ることができないことについて、使節にお許しを請わなければならない。朝廷からの指示により、いかなる異国人も、どのような些細な物であっても、購入することは許されない。したがって奉行は、江戸からの今後の指示を受け取るまでの間、辛抱していただくよう、お願いする次第である。

しかし、通詞からの様子でも分かるように、この際われわれに辛抱をしなさいなどというのは、ほとんど無理な要求であった。なぜなら通詞が報告した通り、急使は二十五日ないし三十日までに戻ってくることはほとんどないからである。使節はこの通詞を介して、出航するオランダ船に託して自国に手紙を急ぎ送ることを許されるべく、伝言を送った。

同日オランダの両船は出島を離れ、われわれの艦の近くに錨を下ろした。かれらはそれぞれ日本の要塞に対し百五十発の礼砲を不均等な間隔で放ったが、要塞からは一発の礼砲も返されなかった。このことは日本人が実際に大砲を持っていないことを思わせた。天気がよく、しかもおそらくオランダ船の動きもあって、またもや数千人にも達するだろうと思われる人が集まり、近くの寺は大賑わいとなり、とりわけ別嬪の女性で賑わった。夜の戸張がおり、港の照明や、海岸の番屋敷は、ほんとうに美しい光景となった。私は周囲の提灯の数を数えたが、四百個を超えた。

二十三日、使節は奉行に対し、番所衆と話をしたいと伝言を送った。その結果翌日の午後になって二人の番所衆が通詞二人を連れ、望みの要件を聞きにきた。使節はかれらに、オランダ船の船長たちとの会見を強く望んでいることを話した。少なくとも、クルーゼンシュテルン艦長がオランダ人の出発する前に訪問することを許可するよう要請した。なぜなら使節がロシア皇帝に対し、艦が無事に日本に到着したことを知らせることができるこの機会を逃すわけにはいかないという、義務をもったからである。

さらに使節は、単なる商船にすぎないオランダ船が朝夕ごとに礼砲を放つことが許されており、そしてこの権利が日本の法律に違反するとの口実の下にロシア戦艦に対しては与えられないことについて、不快感を覚えずにはいられない、と伝えた。これはロシアの旗に対する侮辱であり、したがって使節はオランダ人と同様の権利を与えるよう、要求したのである。

無償で食料を提供すると言われたことについては、その気前のよさには大変感謝する旨、伝えた。しかしながら彼は、食料の供給はこれまで実に不規則に運ばれてきており、例えば前日はまったく何も受け取っていないのだから、むしろそれを望まない、したがって食料を買うこと、そして規則的に指定した日に供給されるよう注文することが認められるほうが友好的行為であろう、と考えた。

使節はさらに、これまで一週間にわたりまったく無視されてきていることは心痛の極みであり、ロシア皇帝の代理として来ている彼に対して、日本から受けるべき友好的態度を経験したことがない、もしこのような扱いをされるのであったら、かれ自身も、ましてやいかなるロシア人も日本に来ることはなかっただろう、と言った。大変な苦労と危険を克服してここにたどり着いたあげく、今や友人として迎えられるのではなく、むしろ犯罪者、国事犯として拘留されているのである。十四か月の間、海の上でまったく不慣れな生活を過ごし、かれは健康状態をかなり悪くしている。したがってかれ自身、そして何人かの士官が、たとえ近くの無人島であっても時々は陸に上がり、健康回復のために散歩をしたり、必要な体操をしたりすること、これは自分の医者が絶対に必要だと言っていること、このことを強く懇願した。彼はまた、陸上になんらかの家が割り当てられるようふたたび要求を繰り返した。日本皇帝への献上品の荷をほどき、正常に管理できる家、そしてわれわれが経験した暴風のなかで艦が受けた損傷を修理するためにふさわしい場所を割り当てるよう、要求した。

この後のほうの項目に対して通詞が答えるには、使節は奉行が聞く耳をもっていないと思っているのではないか、と言うよう、両奉行から命ぜられているとのことだ。陸上での生活、献上品の荷ほどき、船の修理といった使節の願いは十分に承知しているが、奉行自身がたいへん困惑しており、定められた諸法に背くことは何事もできない、したがって、奉行は再度、江戸からの回答が到着するまで我慢してもらうことをお願いしなければならない、知らせがくれば、奉行はこれまでに協議を持ち込まれたどの問題についても十分な指示が得られるものと期待している、とのことだ。

これらの説明は通詞によって忠実に書き留められ、たとえ遊びに来るにしても、ときどきは日本人が何人か訪れ、奉行の健康のことについて聞くことになるだろうことを使節が表明して、この会見は終わった。通詞は、使節が理由もなしにそれほど不満を示してはいないと感じたようで、この国の奇妙な構造と、変わらない法律の性質を力説しながら、言い訳ばかりに努めた。さらに江戸からの回答がいつ到着するかという質問に関しては、急使は十一日から十三日にかけて出発しており、回答が届くまでにはすくなくとも二十七日ないし三十日はかかるだろうと率直に認めた。この時間の長さは大きな驚きで、投錨地の近くに時々は上陸できることをさらに緊急に許可するよう、われわれを急き立てるものであった。

そのほかのことでは、レザーノフ使節はロシアから連れてきた日本人漂民をいつ引き渡そうとしているのかを、通詞が聞いてきた。この質問にたいして使節は、最初の謁見が認められた時に、ロシア皇帝の命令に従って、使節自身の手によって奉行に引き渡すだろう、と答えた。使節がヨーロッパに送ろうと希望している書簡に関しては、かれらはその数と長さを知りたいと聞いてきた。

その日の午後、三十六人ないし三十八人の漕ぎ手が乗り、多くの曳船に曳かれたかなり大きな、背の高い、そして立派な船が近づいてきた。その船は濃い赤色の、中央を白の円形にした一枚の旗だけを立て、両側に栄誉を示す竿を飾っていた。漕ぎ手は全員、胸と背中にブルーと白の縞模様の入った、濃紺の羽織を着ている。われわれを見張る番船が言うには、それは日本皇帝の甥にあたる筑前侯(32)の船で、筑前侯自身が乗っておられる、とのことだ。何隻かの船が伴走しており、漕ぎ手の大きなかけ声は、かなり遠くのほうからも聞こえた。その全体の有様は実に壮大で、堂々たるものであった。

夜の八時頃になってようやく食料を積んだ船が来たが、しかしその時までわれわれは長崎に問い合わせを出さず、同時に通詞と話がしたかった。彼はその日の早い時間には何も送れなかったことについてさんざん言い訳をした。人々が言うには、午前中に筑前侯が到着し、その応対の準備をしなければならず、何事も取りやめになったとのことだ。

二十六日の二時ごろ、通詞が二人の役人を連れ、前日に述べた指摘に対するいくつかの回答をもってやってきた。オランダ船を通じてヨーロッパに手紙を送る件についての回答は、次のようなものであった。港に入ってきた外国船の間で書簡を取り交わすことを認めることは日本の法律にまったく反するものであり、これまでいかなる中国船であっても、オランダ船を通じて中国に手紙を送ることは許されていない、またいかなるオランダ船も中国からヨーロッパに向けて手紙を送ることは認められてきていない。しかし奉行は、ロシア使節に対する特別の敬意から、オランダ船によって二通の手紙を封印せずに送ることを許そう、というものである。この提案に対して使節はあまりよいものとせず、わが皇帝に対して封印しない書簡を送ることは不適当であることを強い語調で表明した。そのため結局、書簡は長崎奉行の検閲に付託されることで合意した。すなわち、奉行がそれを読んだのち、番所衆に渡され、番所衆がいる面前で使節が封をし、それから奉行に返され、そして奉行からオランダ人船長に送るというものだ。手紙が翌朝までに準備されれば、直ちに奉行に付託され、その日のうちに戻されるという。

上陸の許可を求める要求に関しては、いかなる異国人も将軍からの特別なお許しがなければ厳禁されている、しかしながら、使節の病気についてはこの規則の例外を認めるべきであろう、奉行は使節に対する特別な敬意と尊崇の念により、海岸の一番近い場所に遊歩場所を指定しよう、との回答だった。この見解をもって通詞が艦から見える二か所を示し、どちらがよいか使節に選んでもらうことになった。その選択はすぐになされたが、二〜三日の猶予を求められた。それは広い場所に用意できるだろう、そして雨の場合に雨宿りができるよう、小さい家を急ぎ建て、民衆が使節に迷惑をかけることがないよう、竹竿の柵が作られるとのことだ。しかしその本当の理由は、明らかにロシア人たちが指定された狭い場所から境界を越えて出るのを防ぐためであった。

食料調達の遅れの問題に関しては、たくさんの言い訳をしたあげく、今後はどのような理由があっても、この件での不満となることがないよう約束するとの結論だ。しかし後で分かったことだが、筑前侯の到着でその対応に追われていたという口実は、単なる虚構であったのだ。それは筑前侯のとりまきだけが来たのであって、かれ自身は数日のうちに来ることはなかったのである。朝夕に礼砲を打つことの許可については、翌日に返答することが約束された。ところで、この夕方、オランダ人はこれまでとちがって礼砲を打たなかった。

二十七日の夜明け、遊歩場所〔木鉢〕[33]に指定されたところに、多くの男が仕事についているのが分かった。午後になって通詞が書簡のことに関して訪問してきた。かれらはその中身についていたって簡潔に尋ね、教えられたとおりにその翻訳を書き留めた。同時に、翌朝その手紙を持ち帰り、使節が番所衆の面前で封をすることを約束した。（原注　結局のところ手紙は、我々が日本の土地に最初の一歩を踏むのに大変な苦労をしたことを伝える一通だけ、長崎からヨーロッパに送り出された。ところが一年後、われわれが出したとされる日本からの日付の書簡が、いくつかのドイツの出版物に紹介されたのである。それは日本人の風俗、習慣を伝える記録であった。これらのフィクションはオリジナルのものとして公刊されたものだが、シャルルヴォア、トゥンベリ、ケンプファーの記述から編纂されたものであった。これは詩的許容をはるかに超える内容のものである。）それからまた、遊歩場所は翌日には準備が整い、上陸が許されるだろうことが知らされた。

翌日の午後、二人の番所衆が通詞を何人か連れて現れ、使節の書簡を封印するために持ってきた。書簡はその目的を表すように極めて丁寧に作られた小さな箱に入れられ、絹の紐で結わえられ、留め金がしてあった。留め金にかぶせた小さな紙片は、封がして

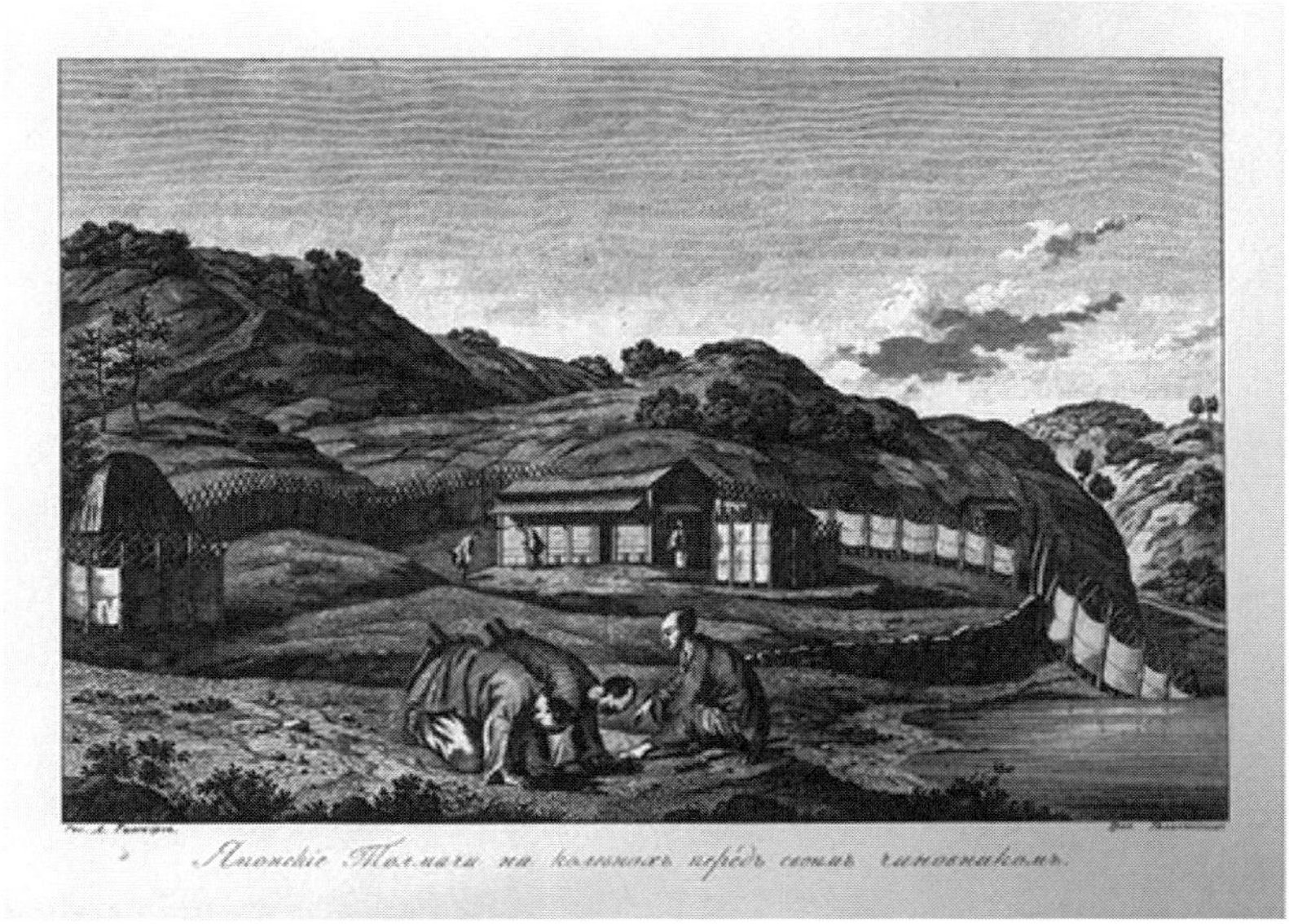

役人の前で跪く日本人通訳（木鉢にて　ティレジウス画）

ある箇所を示し、その紙片を破かなければ留め金が開けられないようになっている。書簡は番所衆の面前で封がなされ、オランダ船長に届けられるべく、ふたたび預けられた。「大臣」は立ち去る前に、遊歩場所は今夕か翌朝早くには準備できるだろう、上陸許可は通常の規則からすれば逸脱するものであり、ただただ使節への敬意と尊崇の念から、使節の健康が必要とする特別の事態からである、ということを念押しした。

その場所にはこの二日間、いや夜を徹して、人が働いているのが分かった。そして驚いたことには、今朝見ると、小さい木造の家が一晩のうちに完成されていたのだ。士官は帯剣して上陸することが許されたが、鳥を打つために銃を持つことは禁じられた。この最後の禁止条項はまったく奇妙であった。なぜならわれわれはすでに火薬を取り上げられてしまい、銃をもっていっても何の役にも立たなかったからである。

二十九日の午後四時ごろ、二人の番所衆が通詞を連れてやってきて、使節のための遊歩場が整ったとの嬉しい知らせを伝えに来た。そしてこれから使節を案内するよう命ぜられているとのことだ。さらに、使節は今後いつでも好きな時に行ってもよろしい、ただし事前に護衛の役人にあらかじめ知らせること、そしてとりあえず遊歩場が清潔で使節のお気に召すか、試されるよう、付け加えた。事実、この通知は正当な護衛を命じるために時間が必要であることを要求するものであった。要請という形で表現されたもう一つの条件は、使節は九人以上の士官を連れて上陸してはならない、さらに水夫はだれも行くことは許されない、また夜間は誰であっても陸にとどまろうと考えてはいけない、というものだ。それからまた番所衆はオランダ商館のドゥーフ氏から使節にあてた手紙をもってきた。ロシア皇帝への急送便を確かに受け取ったこと、それをバタヴィア経由でヨーロッパへの最初の便で送ることを約束するものだった。

これにこたえてレザーノフ使節は士官数人を連れてボートに乗り込んだ。日本の土に初めて足を踏むためである。この場には、水兵たちが艦のシュラウド〔横静索〕の上に乗り、ボートが動き出す際に三度の歓呼を送った。オッペルバンジョーストは、何隻かの番船とたくさんの小舟を率い、われわれの後に続いた。およそ十分のうちに着いて、指定された場所に近づくと、それは想像を絶するほど小さいことが分かった。その遊歩場は艦の二倍程度しかなく、竹竿の柵で囲われていた。植物も草もすべて刈り取られ、地面は完全にならされて、砂が敷き詰められてあった。前が開け放たれた、小さい木造の「夏の家」が雨宿りのための家で、中の部屋は床上二フィートほどの高さに造られ、薄い赤の絨毯が敷かれてあった。

慣例にしたがい、使節は双頭の鷲のロシア国旗を自分の前に持たせ、その家の中で、艦から持って行った椅子に座った。番所衆の何人かが奉行の名において、そして日本人の礼儀正しい儀礼にそって使節を出迎え、心づけを持ってきた。それはおよそ指三本ほどの広さの白い紙片に、紅白の小さい紙片が結び合わされており、その先端には小さな魚の破片、もしくは合せ糸がついていた。同時にかれらは小さな封をした箱を持ってきたが、その中には使節への軽い食べ物として沢山の砂糖煮の菓子などが入っていた。近くの丘の上には、われわれを見ようと大勢の見物人が集まっていた。番所衆はすぐに引き上げたが、夜の間までここに居続けることがないよう、かれらの要請を再度繰り返した。小さな限られた畑のなかで休憩をとっても、まわりのどこを見まわしたところで、なんら特別な面白みもなかったので、およそ命令を逸脱しようなどとの気は起らず、早々と艦に戻ることにした。さらには、この日は一日中曇りや雨で町からは誰も訪れるものがなく、特別なことも起きなかった。

それから陸に上がりたいときは、護衛の指揮官に対する合図として、艦から赤旗をだせばよい、ということが合意された。この日この合図が出されたので、私を含めた数人の士官が、使節抜きで陸に行った。大勢の職人がこの前建てた家に加えて、もう一つの小さい家を建てるのに大忙しであった。まだ十二歳か十三歳くらいの少年が大工として働き、すでにその仕事ぶりは見事に熟練していた。ここで使われている、かんな、のこぎり、金槌、その他の道具はヨーロッパのものとは形や作りがまったく違っているが、たいていはヨーロッパのものより優れている。建築において日本人のあいだで第一の基本は、木を無駄にしないことである。彼らは非常に愛想がよく、行儀が良い。ホルナー博士が測定用の水平鏡を使って太陽の高度を測定したが、見物人たちはこれを特別の興味をもって観察していた。しかし、観測の邪魔にならないよう、礼儀正しい距離を保っていた。ホルナー博士の観測が終わると、六分儀を見てもよいといわれ、それに大喜びであった。かれらの多くは扇子をもってきて、それに名前を書いてくれと言ってきた。

（原注　日本人は常に扇子、煙管、筆記用具、チリ紙を携帯している。日本人はチリ紙をハンカチの代わりに使用する。なぜならわれわれと同様、懐に亜麻布のハンカチを持っているが、鼻をかむというようなことは無作法であり、不潔だと思うのである）名前を書いてあげると、そのお礼に扇子を額のところに掲げ、深くお辞儀をする。また、扇子いっぱいに大きな字で書いてくれるよう、身振り手振りで理解させようとする。われわれが知りたがったいくつかの物の日本名を教えてくれ、お返しにロシア語で何というのかを声を出して読んであげた。

数時間そこにいた後に、艦に戻ったが、その間番所衆の何人かが通詞を連れて訪ねてきていたことを聞いた。かれらは、なぜ使節があまり陸に上がらないのか、何も不満がないことを願うが、ということを聞いてくるよう奉行から命令されてきたのだ。かれらは周囲の人間が迷惑になっていないか、あるいは何か不足しているものはないかを心配していた。これに対して使節は、遊歩場所については何も言うことはない、だがもし草を全部刈り取らずに少しでも残しておいてくれたら自然の美を楽しむのによかったのに、と答えた。しかし使節が再度陸に上がらなかった主な理由は、この前かれはかなり長く歩いたので、すっかり疲れてしまったからだ。通詞はにやにやしながら、場所が限られていることについて奉行に代わって弁解をし、力のおよぶ限り、少しでもより自由になれるよう、何事でも致しましょうと提案してきた。

夕食の後すぐに、別の二人の高官が通詞をつれてやってきた。艦が被った損傷を修理するために、奉行があらゆる援助をすることを約束したと言ってきた。同時に奉行は、六年前にオランダの大船が木鉢で修理したこと、また、江戸からの回答がまもなく到着するだろうこと、また長崎では船を修理させる権限がないため、木鉢で修理してくれないかどうかを聞きたがっていた。それでよければ、数多くの日本船を提供し、献上品、荷物、貯蔵品を収め、また修理の期間中使節が生活できる船を提供する用意があるとのことだ。これらはすべて十分に検討の余地があると思われたので、次の機会に返答することにした。

番所衆はここでまたも、使節がほとんど上陸しない理由は何かを聞いてきた。もしや使節は、一方が開け放たれた家ではなく、どの方向も囲われた家のほうが好みなのだろうか？　要するに、使節はなにか欠陥を見つけ出してはいないか、あるいはなにか意見がないかどうか？　これに対して使節は、もし奉行が選んだという木鉢という場所がどんなところかを知っていたならば、最初に提案された小さな無人島である「ねずみ島」(34)のほうを選んだだろう、なぜならその島には草木があり、そこをたびたび訪問することが許されるなら大変うれしい、と答えた。これに対し番所衆は次のように答えた。御奉行は木鉢を艦の修理の場所として認めるのに、大変な苦労をした。あえてそのような措置をする前に、肥前侯や筑前侯と事前に相談しなければならず、これまた問題であり、要求を認めるべきかどうか、もしもそうなればそこでも木を伐り払い、砂を敷き詰めなければならないのかと、諸侯は大いに疑問を持つとのことである。

十一月一日、クルーゼンシュテルン艦長は士官数名を連れて陸に上がった。ホルナー博士は太陽の高度を測り、また木鉢の入り江が艦の修理に適しているかどうか調べた。水深は最大で五ないし六ファゾム〔およそ9～10.8m〕であることが分かった。日本人は博士の測深作業には反対しなかったが、非常に興味深げに見つめていた。前日から職人が「夏の家」の飾りつけをするのに大忙しであった。開け放しであった側によろい戸が作られたが、それは紙を接着剤で張り合わせたものであった。それはヨーロッパとは比較にならないほどの正確で見事な出来栄えであった。

二日には通詞が奉行からの知らせをもってやってきた。それは大勢の貧相な身なりをした下層の民衆が好奇心から遊歩場に集まり、使節に不愉快な思いをさせていないかを心配し、今後は誰も近づかないように命令を下した、とのことだ。この命令はさらに他にも及んでいるようにも思えた。というのは、この二日間、見物の船がまったく艦のまわりに来なかったからだ。そのために、われわれにとってすべてが新しく、珍奇なものを絶えず観察できるという楽しみを奪われてしまった。使節はこの日は海岸に上がるつもりがなかったので、日本人は使節に対し、遊歩場がより好みに合うようなものにこしらえるといった注文がないのかどうか聞いてきた。

この日士官数人が木鉢に行ったが、日本人はとても友好的で、われわれをすっかり信用して待遇していたようだ。士官たちは銃を撃つ方法を十分に説明し、火打石や火打ち金によるのでなく、マッチで火をつけるやり方を教えた。さらに手帳を取り出し、近隣国の地図を広げたり、医薬品の箱やそのほか日本人の興味をひき喜びそうな様々な物をたくさん見せたりした。

三日、レザーノフ使節は下級の日本人役人が乗った数隻の日本船に伴走されて陸に向った。木鉢では新たに何も見るべきものがなく、十分に歩くのも不可能だったので、使節は半時間足らずで引き上げ、艦に戻った。艦に近づいてくる見物客は誰もいなかった。四日はどんより曇り、時おり雨も降ってきたが、私は士官数人と一緒に上陸した。日本人との交流は、それまでよりも冷淡で、その数も少なかった。若い男が一人、交際したがって一人で姿を現したが、呼び返されてしまった。この状況からすると、われわれと密かに交流することが一切ないよう、命令が下されたことがわかる。

五日、通詞たちがやってきて、オランダ船がついに出港の準備ができた、かれらが去った後ただちに、その場所に移ってよろしいと知らせてきた。船の修理に関しては、かれ

パッペンベルク島（高鉾島）と鼠島の風景（ティレジウス画）

らは次のように言った。献上品を日本船数隻に荷下ろしするのは、たいへん手間も時間もがかかるだろうから、奉行は中国のジャンク船を提案している、それには献上品や貯蔵品のすべてを移せるし、使節自身がそこで生活できるだろうとのことだ。この提案については、オランダ船が去り次第、返答をすることで合意した。というのは、オランダ船が出ていくまでには十日以上はかからないだろうから、待ったほうがいいし、またそれまでには江戸からの回答が来るという期待もあり、その時には使節が陸上で生活できる許可が下りるだろうとの理由だった。

前回の機会に述べた鼠島の件に関し

ては、そこでの散歩の許可を求めた使節の要求は、この日はっきりと拒否するとの回答を受け取った。この数日間、われわれに対する日本人の態度がすごく冷たくなっていることが分かり、さらに町からの見物客もそれ以上来なくなったことで、その状況について見物客たちの船を見る楽しみが奪われたことを使節がほのめかした。通詞は、それはまったくの偶然でしょうと言った。六日と七日は記録するに値することはなにも起きなかった。

八日の早朝、オランダ船が錨を揚げた。彼らの船がわれわれのそばを通過したとき、「実り多い航海を」という声援を送った。しかし彼らはそれに答えなかった。後になってオランダ商館のドゥーフ氏がこの件について謝罪してきた。ロシア人の礼儀に対して明らかに配慮が足りなかったのは、まったくのところ船長が奉行から厳しく命令されたことによるものだと念を押してきた。オランダ船はちょうどパッペンベルク島の向こう側にまわったが、風がなくなり、ふたたび錨を下ろさなければならなかった。

その日の午後、通詞が知らせを持ってきて、翌日の昼頃、オランダ船が去った場所に艦を曳行するために相応な数の曳船が送られるだろう、そして船の修理にあたっては奉行があらゆる援助を惜しまないということを言ってきた。九日の午後、二人の番所衆が通詞を何人か連れて来訪し、番所をちょうど目前にする新しい投錨地〔太田尾〕に案内すると言ってきた。続いて曳き船に曳かれて水深一五ファゾム〔27m〕、長崎の町からおよそ三ベルスタ〔露里、一ベルスタは1.067km〕のところに錨を下ろした。翌朝、われわれは初めてこの町をはっきりと見たのだ。付き添ってきた番所衆は非常に丁寧で、気持ちがよく、また社交的だった。かれらはその日の午後のほとんどを、われわれのところで地図や印刷物を調べるのにかかりきりで、それがとても楽しそうだった。十日、やっと修理にかかる準備ができた。帆柱、桁端、錨の幹、その他の材料を木鉢の海岸に運ぶべしということになり、また奉行はそれらの材料は特別な管理下におかれることを約束した。

この日送られてきた通詞[35]は、それまで来た通詞の誰よりも率直に話をした。彼は日本政府の厳しい規制は極めて馬鹿げており、日本人である自分は外国に旅行したいし、見たいのに、それができないことを嘆いていた。彼は同国人の近視眼的態度に失望し、それが皇帝や政府高官の教育のせいであるとし、統治者は明敏な考えを持たず、考えを持つ立場にないために国民が盲目になっているに違いないと言った。彼は言う。「人間は単に食べたり、飲んだりするために生まれてきたのではない、自らを教育し、啓蒙するために生きているのだ。」そして彼は日本の諺をいくつか使って哲学的論述をまき散らした。例えば、「人間の寿命は百年だが、その名声は永遠なり！」「人生は短いが、その名は不滅である。」などと。彼はこれまで使節が被ってきた多くの不愉快な状況について嘆き、使節を慰めようとした。そして分別のある人間を水に例え、次のように言った。
「理性ある人間は、自らをあらゆる立場、環境にいかに順応しなければならないかを知るべきである。それは船が水に入っていけば、水はさまざまに姿、形を変えるがごとしだ。」

この日、オランダ船は港の外へ出航していった。

三人の日本人通訳（レーヴェンシュテルン画）

十一日、同意したことにしたがって艦の帆柱や桁端が岸に運ばれた。それらはわれわれのボートで木鉢に運ばれ、ボートにはわが水兵だけが乗ったが、日本人の船で曳行された。今回はわれわれ四十人以上の人間が陸に上がったが、いつもより護衛の数は少なかった。十二日、わが士官の数名が上陸したが、かれらがそこにいる間、地元の人間は一人も見えなかった。天気はたいへん良く、この数日間の間で初めて、好奇心に駆られた女性たちを乗せた見物船が来て、ロシア船を観察しようといつもの遊覧を楽しんだのである。

十三日の午後、通詞の何人かを呼び、持ってきたライ麦でパンを作りたい、長崎でパンを焼きたい旨、許可するよう要望を出した。この要請に対しては、数日中に返答することを約束された。彼らは、前に知らせたように二日か三日の間に中国ジャンク船が荷物を載せる用意ができるだろう、次の満潮を待つだけだ、と知らせてきた。夜になって非常に強い風が吹き出し、海水の水位が大きくあがり、ジャンク船を自由に動かせるようになった。通詞が四時ごろやってきてパンを焼くことについての許可を持ってきた。また、中国船の錨は木製で、まったく頼りにならないから、われわれの錨を一つ使わせてくれと頼みに来た。そこで錨を一つ送り、翌日にはジャンク船が運ばれてくることが約束された。木鉢は現在の場所からかなり距離があるため、大砲やその他の重量のある物を預けるために、どこか近くの場所を要求した。

十三日、ジャンク船が艦の側に運ばれてきた。クルーゼンシュテルン艦長が乗船を求められ、われわれの目的にかなっているかどうか確かめることになった。士官の何人かがかれに付き添ったが、ロシア使節のために指定された船室を見て、少なからず驚いてしまった。その粗末な船室は窓ひとつない小さな部屋で、ドアからの光しか入らなかった。日本皇帝への献上品、貯蔵物その他を積むための部屋は十分にあった。クルーゼンシュテルン艦長は極めてはっきりとした不満を表明し、日本人のような良識のある人々がどうしてこのような部屋を提案することができるのか驚きである、それはかろうじてわれらの家の召使用の部屋にしかならない、と言った。彼はさらに続けて、献上品の荷下ろしがすみ、使節にふさわしい住居が指定されるまでは、船の修理を開始することはできない、このジャンク船はこの目的にはまったく受け入れられない、と宣言した。したがって、これらのことについて奉行からのさらなる回答が求められた。木鉢は遠く、大砲や重量のある物を運ぶのは不便であるという、前日に伝えた問題に関しては、回答が示された。御奉行はそれがかなうよう、艦の近くに良い場所を指定するだろう、そし

会話中の日本人役人（木鉢の対岸にて）
（ティレジウス画）

てそれらを管理するために十分な警備を構えるだろう、というものだった。

士官数名がジャンク船に乗り込み、この重くて、出来の悪い、救いようのない船を間近に見た。通詞がやってきて、江戸からの許可の返答が届くまでは、使節の居住を長崎の町、あるいはそのほかの場所に指定することは奉行の権限にないこと、しかし七日か八日のうちには到着するだろう、と知らせてきた。これをもってジャンク船は追い払うことに決定し、江戸からの回答を艦の上で、首を長くして待つことにした。回答がくれば適当な住居と、献上品を積み込むのにふさわしい場所が指定されるだろうと期待した。したがって翌十七日の朝、ジャンク船は曳き船で追い払われ、ほどなくして貸してあげた錨が返却されてきた。

二十四日までは特に記すべきことは何も起きなかった。近づく冬の寒さは日に日に増し、肌で感じるようになった。気温は四度ないし十二度になった。漁船にいる貧しい日本人や番船の水兵はその寒さをかなり感じているようだった。彼らは薄い木綿の覆いを着ているだけで、この薄い着物以外に寒さを防ぐものはなにもなく、夜を屋根のない船のなかで莫蓙のうえで寝るのである。日中はかれらの多くは、腰に覆いをする以外は完全に裸であった。

その日の午後、通詞が自発的にやってきたが、さして時間がかかることではなく、かれらの用向きは両奉行の名において使節の健康状態についての問い合わせであった。最初かれらは同じようなことを話しており、特別の目的をもってきたようには思われなかった。会話のおもな話題は天気が寒くなってきたことで、そろそろさらに寒くなり、この季節に船上にとどまっては健康によろしくないことを理解させようとした。しかし、江戸からの急使がいつ到着するのかのほうが、天気の寒さのことよりずっと気にかかっていることなのだ。そこでそれに関して質問をしたのだが、驚いたことには、昨日一急使が到着したというのだ。しかし、その急使はこちらの関心事については、まったく知らせをもってこなかった。実に、かれが江戸を出立するときには、ロシア船が長崎に到着していることを知らされていなかったのだ。通詞は、われわれのことに関する指示は、おそらくまだ二週間ないし三週間はかかるだろうという、うれしくない通知を伝えて締めくくった。

使節がいささか我慢ならなかったために、通詞は使節に対して次のような提案をしてきた。かれらが言うには、状況から察すると使節は船上に生活しているよりは長崎の町はずれでもいいから小さな住居に住みたいと思っているのではないか、急使が到着するまで使節はそれで本当に満足するのではないかと察し、そのことを奉行に申し入れしたほうが良いのではないか、季節が進んで寒さが増し、使節の健康状態も思わしくないこと、献上品の荷をほどくことが得策であり、船の修理も必要であること、これらすべてを考えると、上陸の許可を奉行にできるだけ早くさせるために、申し入れが急がれるのではないか。こうした理由から奉行はロシア皇室に対する高い敬意と尊崇の念から、町の外に居住地を指定することに、おそらく同意するのではないか、と言ってきた。さらに、江戸からの回答を受け取り次第、町の中に、偉大なる君主の代表の地位にふさわしい、十分なスペースの住居を指定されることになるだろう、と確信しているとのことだ。かれらはまた、使節の護衛のことに関して、できることなら使節を出し抜こうと指示されているとしてもおかしくはかった。というのは、使節が訴願の一つとして争っていた、武官を船上に残すか、または上陸する場合は武器を携行しないようにすれば使節はより早く目的を達成するだろう、ということを付け加えたからだ。これに対し使節は、それは絶対に同意できない提案だ、ということだけを答えた。護衛が同伴することを放棄するなどできない相談であり、どんなに譲ったとしても、銃剣をもたないまでも、マスケット銃は携行しなければならない、と。

通詞はこれを聞いて、付帯条件のついたわれわれの提案を忠実に奉行に提示することを約束して、去っていった。こうした経過からして、昨日到着したという江戸からの一便がもってきた回答が実に不満足なものであり、そのために奉行は次の便が到着するまで時間稼ぎをしようとしていると思われる十分な根拠があるように思えた。通詞が行った提案は、あたかもすべて通詞自らが発信したものであるようだが、実はわれわれが繰り返し要望してきたものであり、奉行がわずか一週間前、江戸のお許しがなければ、それを認める権限は奉行にはないと主張していたのだ。

二十五日の午後、通詞が使節の提案に対して同意するとの返答をもってきた。しかしかれらは、これについては奉行自身が非常に大きな責任を負うものだ、という所見を述べた。その責任を正当化するために、使節が嵐で受けた船の損傷を修理すること、使節の健康状態が良くないことを考慮して陸上での生活が許されること、その必要性について書式で表明してくれるよう、頼んできた。すぐに声明書がかかれ、通詞は大いに満足したようだった。残る唯一の困難な問題は、武官を同伴できるかどうかである。再び通詞は、それはあらゆる日本の法律に違反するものであり、いかなる大名であろうとも、奉行の前で武装したままで姿を現すことは許されない、ということを繰り返した。しかし使節は折れることなく、護衛兵なしで陸に上がることは決してしない、それは武官が丸腰でいることより以上に、身分を貶めるものであり、使節の地位、尊厳に必要不可欠の付属物なのである、と言った。通詞は首を振り、使節の決意を奉行に伝えましょう、と言った。そして懐から指定された住居の地図と献上品のための倉庫の地図を取り出したが、使節はそれに大いに満足した。かれらは立ち去る前に、何名の人が陸上での生活の許可を願っているかを、奉行が知りたがっていると言った。

翌日、通詞はだれも姿を現さなかった。使節に指定された場所を望遠鏡で調べてみたが、大勢の人がそこで作業をしていた。数日の間かれらは材料を運び入れるのに大忙しで、三十日までには竹竿で作った高い囲いがされているのが見えた。通詞が長い間来なかったのはいささか我慢ならないことであり、強くなる寒気と、嵐や不愉快な天気で気分がよくなかった。

長崎の町の風景（右手に旗が揚がる出島のオランダ商館）
（ティレジウス画）

十二月一日、オランダ人が住んでいる出島に大きな照明がなされているのが見えた。それは判断するに数百個の提灯を配置し、非常に趣向をこらしたもので見事な効果を生み出している。通詞が言うには、オランダ商館は東インド会社の壮観さを披露する機会を逃すことは決してない、しかしかれらの商取引は実に取るに足りないものだ、とのことだ。二日、海岸では依然として使節の家を大忙しで準備しているのが見えた。その準備がいつ終わるのか、通詞の知らせが気にかかっていて、二十五日以来誰も近づいてこなかったので、かれらを艦に呼び寄せることにした。夕方、出島ではふたたび照明がついた。三日は一日中、通詞がくるのを期待していたが、だれも姿を現さなかった。

四日になってとうとう、一人の通詞がやってきた。いつものようにきわめて丁重で、礼儀正しい。かれは使節と随員諸氏の健康に関する両奉行からの問い合わせを繰り返し、上陸する土地について述べた使節の覚書は、忠実に奉行に届けられた、と言った。彼はまた、江戸からの急使が到着しないかと毎日待っているが、いつもより戻ってくるのにずっと時間がかかっていると言った。

前述したように、家の周りに囲いが作られているのが見えたので、住む場所は木鉢の遊歩場のように、「偉い人」が他人から迷惑をかけられないように竹竿の柵で囲ってしまうのか、と皮肉っぽく質問せざるをえなかった。通詞はにやにや笑うことしかできず、こうした政府による規制はすべてたいへん嘆かわしいと本当は思っている、しかし、これらは確立した習慣であり、守らなければならないものだ、と言った。かれは最後に住む家の家事のことについて多くの質問をした。なかでも、日本式の道具を備えた台所が必要かどうか、それとも艦からわれわれのものを持ってくるか、椅子やテーブルはないので、自分たちのものを持ってこなければならない、など。別れ際に、この仕事をできるだけ早くはかどらせること、そして長く退屈な幽閉生活から解放するよう、嘆願した。

またもや数日間が空しく過ぎ、その間通詞は誰一人来ることはなく、急使の到着について、あるいは家の準備の状態についてなにも聞くことができなかった。十日になってやっと何人かの通詞が姿をあらわしたので、二つの点の両方といわずとも、少なくとも一つについては期待できるだろうと思っていた。かれらはいつものように使節の健康について両奉行からのお伺いを始めたが、とうとう、たいへん申し訳ないが、家はまだ準備ができていないどころか、さらに四〜五日はかかるだろう、と言葉を絞り出した。これはわれわれにとって限りない苦行である。急使はまだ到着しないのかという質問については、あいも変わらず否の答えだった。前回の通詞の訪問の際に、修理のための木材の要求を出していたが、かれらは今回、木材そのものではなく、いろいろな種類の木の見本を持ってきて、どれが一番良いか、艦長に選んでほしいと言ってきた。

　こうしたつまらないことに煩わされ、ナジェージダ号に乗船している者は誰一人として、大きな不満と憤りを感じないものはいなかった。使節でさえも、感情を露わにせざるをえず、通詞に、こうした度重なる遅延によって、不必要にも大変な時間を失ってしまっている、カムチャツカに戻るためにどんなに遅くとも四か月以内に日本を出発しなければならない、と言った。もしも来年七月までにヨーロッパに戻らなければ、ロシアではわれわれが何らかの遭難にあったと思い、おそらく捜索のために船を送り出すことになるだろう。もしもかれらがこのようにぐずぐずし続けるならば、使節にとって江戸に進み出る時間がなくなるだろう、そして退去を求められることになってしまうだろう。これに対し通詞の一人が答え、それらのことはすべて重々承知しております、御奉行にたびたび申し上げております、しかし御奉行は朝廷からの指示がない限り、いかなる措置もできないのが真実なのです、と答えた。かれはさらに次のように付け加えた。「この小さな国、この小さな島国である日本が、これほど多く儀式を行い、なんとかして多くの面倒な問題をやりくりするのは、おかしなことです。日本は、そのあらゆる慣習において、また思考方法においてさえ、度量がない。それにひきかえロシアは、きわめて広大な国であり、あらゆるやり方、あらゆる考えや行動において偉大であり、立派であります。」

このように時間がむなしく過ぎていく状況を察し、ケンプファーやトゥンベリの日本に関する記述によれば、急使は長崎から江戸へ、そして長崎に戻るまでに二十一日で可能であることを良く知っていたので、江戸から急使が戻ってくる可能性はほとんどないのではないか、と言ってやった。それに対し通詞は、それはまことにそうであるが、現在あるこのような重大事においては全国の評議員がすべて集められなければならず、急使をそれほどに早く送り出すことはできないのでしょう、と答えた。通詞は相当暗くなるまで立ち去ろうとしなかったが、別れ際にいつもの空しい約束を繰り返し言った。—

「皆さまを受け入れる家は間もなく出来上がるでしょう、船の修理のための木材は速やかに調達されるでしょう。」

十二月十一日から十五日までは特別なことは何も起きなかった。十五日になると、通詞が家の準備が整い、一両日中に使節が陸に上がれるでしょうと知らせてきた。しかし彼が言うには、まず最初に使節はご自分のボートで来られるのか、あるいはこの際は肥前侯の船を受け入れられるかを尋ねるよう、命令されてきているとのことだ。

答え　後のほうがよろしいでしょう。
質問　使節は、武官その他の人々を何名お連れするのでしょうか？
答え　士官を十名、その他およそ十五名、そのなかには護衛兵七名、およびロシアから連れてきた日本人四名が含まれます。
質問　使節はどのような家財道具をお持ちになるのでしょうか？
答え　衣類と日本皇帝に贈る献上品以外は、何も持っていきません。
質問　献上品はいつ陸に運ばれるのでしょうか？
答え　それらを貯蔵する場所が整い次第です。
質問　どの船で運ぶのでしょうか？

答え　日本の船の応援をお願いします。

こうした質問が終わると、使節は午前中に士官数名が行き、その家が我慢できるほどに便利にできているか、あるいは中国のジャンク船のような類のものでないかどうか、確かめましょうと提案した。また、護衛兵のことにかんしてはそれ以上のことはなかったが、使節と一緒に行くと言った。午後になると、丘の上に膨大な数の男が見えたが、かれらは小さな家を何軒か大急ぎで建てていた。それらはわれわれの居住近く、前面に遮蔽物がしてある。そこには藩の要塞があり、日本人警護兵のために準備されているに違いないと推測した。

約束通り十六日の昼近く、通詞が来て、翌日朝七時に上官たちが家を見に来られたい、そしてすべてが都合よければ、使節を夕方にはお迎えしましょう、と言ってきた。これに対して使節は反論し、テーブルや椅子、台所用品、その他の家具を艦から運ばれなければ、翌日行くことはほとんどできないだろう、すべてが配備されるまでは艦に居なければならない、と言った。通詞は使節のこの言葉には少なからず困惑してしまった。奉行は翌日使節を迎えるために準備を済ませ、国および長崎の諸侯にその旨を知らせており、もし使節の上陸が延期されようものなら、極めて「困った」ことになるでしょう、と言った。これに対し使節は、これまで長い間、上陸の許可が与えられるまでの再三の遅延にはほとほと「困って」いる、と述べた。この言葉がかなり鋭いものに感じられたらしく、通詞は、特別のご配慮をもって奉行を落胆させることがないよう、必死になって懇願した。そしてなにとぞ従ってくださるよう、奉行が六十名の漕ぎ手による船とふさわしい数の曳船を命じた、と言った。

こうしてようやく合意がなされ、翌朝七時に居住場所に番所衆が来て、上官五名に付き添い、すべてを点検し、日本人たちがすぐに戻って使節が望む家具その他すべてを運ぶ用意をすること、そして指定の時間に上陸できるようにすることになった。また続く数日中に献上品を上陸させる船が配備され、受け入れ場所に用意された倉庫に貯蔵されることになった。

停泊地からの出発そして梅が崎上陸

夜が明けると艦の周りに大小たくさんの日本の船が集まり、八時ごろオッペルバンジョースト二人が通詞をつれてやってきた。まず最初に、いつもの儀式を演じなければならない。かれらを船室に迎え入れると、使節のほうに向かって礼儀正しい姿勢をして次のように述べた。奉行は自らの責任において、江戸からの指示を待たずして、ひたすらロシア代表にたいする尊敬の念により、また使節の健康のため、陸上に住居およびその他の目的のための倉庫を割り当てることにした。場所は実に小さく、海の近くではあるが、日本の法律に従い、来日する異国人はすべてこのように置かれなければならず、他になすべき術はない。しかしながら、江戸からの回答を受け取り次第、より便利でより広い住居が割り当てられであろうと信じている、と。

前日おこなわれた取り決めにしたがって、私に同行することを許された上官数名が、家を訪問するため行くことになった。われわれは何隻かの日本船に付き添われながら、自分たちのボートで「梅が崎(36)」に向かった。これがわれわれの住む家のある場所の名前である。そこで何人かの通詞が待ち受け、あたりを紹介した。その家は木造で、九つの部屋からできていた。床はすべて真新しい藁のマットが敷かれているが、ストーブの役

長崎の町の近く梅が崎の風景（ティレジウス画）

目をする大きな銅製の火鉢がいくつかある以外は、家具はまったく置かれていない。窓は薄い紙でできており、油紙ではなく、かなり粗末でみすぼらしい木枠に張られたものだ。献上品を置くための倉庫はかなり広く、その半分は護衛兵と四人の日本人漂民のための居住に実に便利である。すべてを点検した後、ここで会った二人の番所衆に、奉行に対してわれわれが満足したことを表明し、ふたたび艦に戻った。陸に揚げる予定のすべての物が送り出され、そして夕食の後ただちに、使節はお供と儀仗兵を連れ、肥前侯の御用船に乗った。それは六十人の漕ぎ手を乗せているが、オールは一本も使われることはなく、他の小舟によって曳行される。なぜなら、この国の慣習にしたがえば、それのほうがより敬意を表することになるからである。

御用船は百二十フィートの長さで、二つの仕切りに区切られ、すなわち、三つの部屋に分かれている。その真ん中は地位のある人のための部屋と思われ、仕切りのなかには肥前侯の紋章の入った紫色の絹地が垂らされている。仕切りの外側には、いろいろな絵が描かれた画布が飾られている。部屋の内側は漆塗りになっており、肥前侯の紋章がモザイク模様に金色で書き込まれている。部屋の上には実に美しい織物の天幕がかけられ、ところによって床はピカピカに磨き上げられたり、絨毯が敷かれたりしている。これらすべては非常に美しく、見栄えのするものである。使節はここで艦から持ってきた椅子に座り、テーブルを前に置き、その上に信任状を置いた。ロシア水兵たちは、一人が皇帝旗を持ち、御用船の外側の部屋に入ったが、そこは船尾展望台か甲板のようなつくりであった。

このようにしてわれわれはたくさんの日本の番船に囲まれて梅が崎に向かって進んだ。錨を下ろしていた近くの番所や要塞のそばを通ったが、新しい布が垂らされ、いつもの掛け布の数は増えているようだ。番所の上の丘には膨大な数の兵士、マスケット銃を持つ者、旗を持つ者、幟を持つ者、誰もが栄誉を示す何らかの記章を手に持って並ぶ。

通詞は、これらはすべて使節に対するものであることを指摘し、使節に敬意を示すためのものであると言った。隣接する海岸は数千人もの見物人で覆いつくされ、御用船が到着する場所までついてくる。しかし、その終点では見物人が使節に迷惑をかけないよう、押し寄せないように慎重に排除されている。

梅が崎の近くでは海水がかなり浅く、使節は小さな船に乗り移らなければならなかった。だがその小船は実に見事なもので、漆塗りであった。使節の儀仗兵と上官が最初に上陸し、その後に使節が続いた。使節は数名のオッペルバンジョーストと通詞に出迎えられ、日本人儀仗兵、さらに多くの日本人が家の前の小さな場所をいっぱいにし、あらゆる限りの警備体制を示した。使節はかれの新しい住居がまずまず満足できるものであることが分かり、それについて奉行に感謝を送った。到着するまでに台所がすでに備えられ、そこには優れた料理用の炉火、鹿肉、鶏、アヒル、米が用意されていた。

およそ一時間後、日本の「大臣」、通詞たちは立ち去り、さらにわれわれに同伴した士官数名は艦に戻った。新住居の戸は閉じられ、鍵がかけられ、そして周りはすべて警護兵で囲まれた。

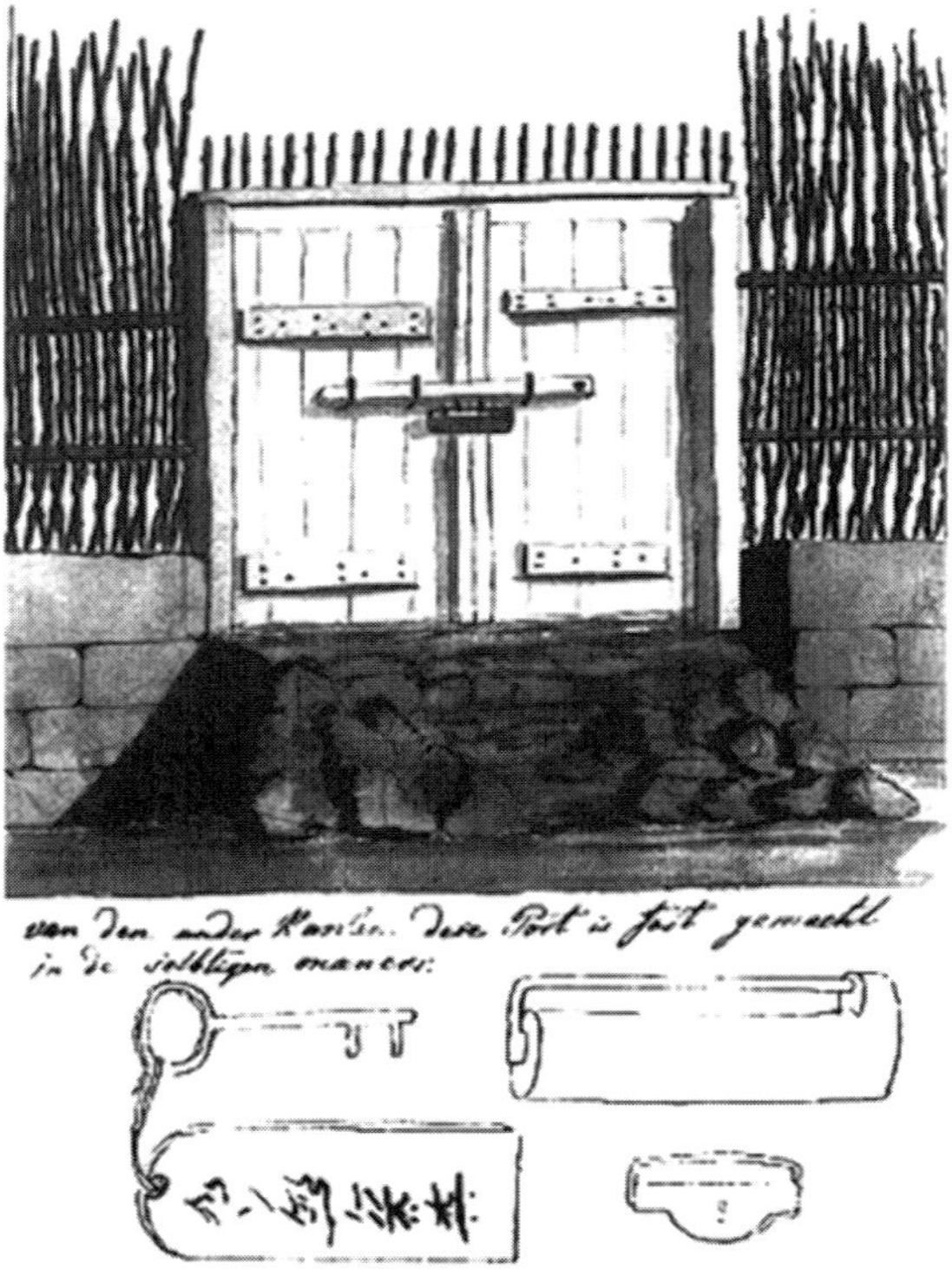

梅が崎の門。鍵とかんぬき（レーヴェンシュテルン画）

第四章

梅が崎滞在

居住地の状況 ― 艦を港に引き入れる許可を得る ― 日本人漂民喉を切る ― 気球を上げる、それが引き起こした警告 ― レザーノフ使節の病気

居住地の状況

かくしてわが遠征隊は二手に分かれることになった。レザーノフ使節、フリードリヒ少佐、フォッセ宮廷顧問、フョードロフ大尉、コシェレフ中尉、露米会社支配人シェメーリン氏、そして私、儀仗兵、およびロシアから連れてきた日本人漂民四名、これらが陸上で生活することになり、残りはナジェージダ号での艦上生活となった。住むことになった場所は、三方が海に囲まれ、一方向だけが陸につながっており、四辺形の半島のような形をしている。建物は長さおよそ五十歩、幅およそ四十歩ほどの庭の三つ側に並んでいる。一方には使節の居住となる家、その両側に倉庫が立つ。四番目の側は海に面した美しい景観があるはずだが、竹竿で作った高い二重の柵で囲われ、すべての眺めが閉ざされてしまっている。

庭には二つの戸が通じており、その一つは海側に開けてあり、もうお馴染みになった肥前侯の番船によって警備されている。町に通じるもう一つの戸の前には、二重の警備、すなわち皇帝の衛兵と大村侯の衛兵〔口絵F5〕とが配置されている。最初の衛兵たちはわが庭の入り口から三歩ほどのところに屯し、もう一隊はその駐屯部隊の場所の背後に立つ丘の上に配備され、庭全体を塔の上から見下ろしているのである。

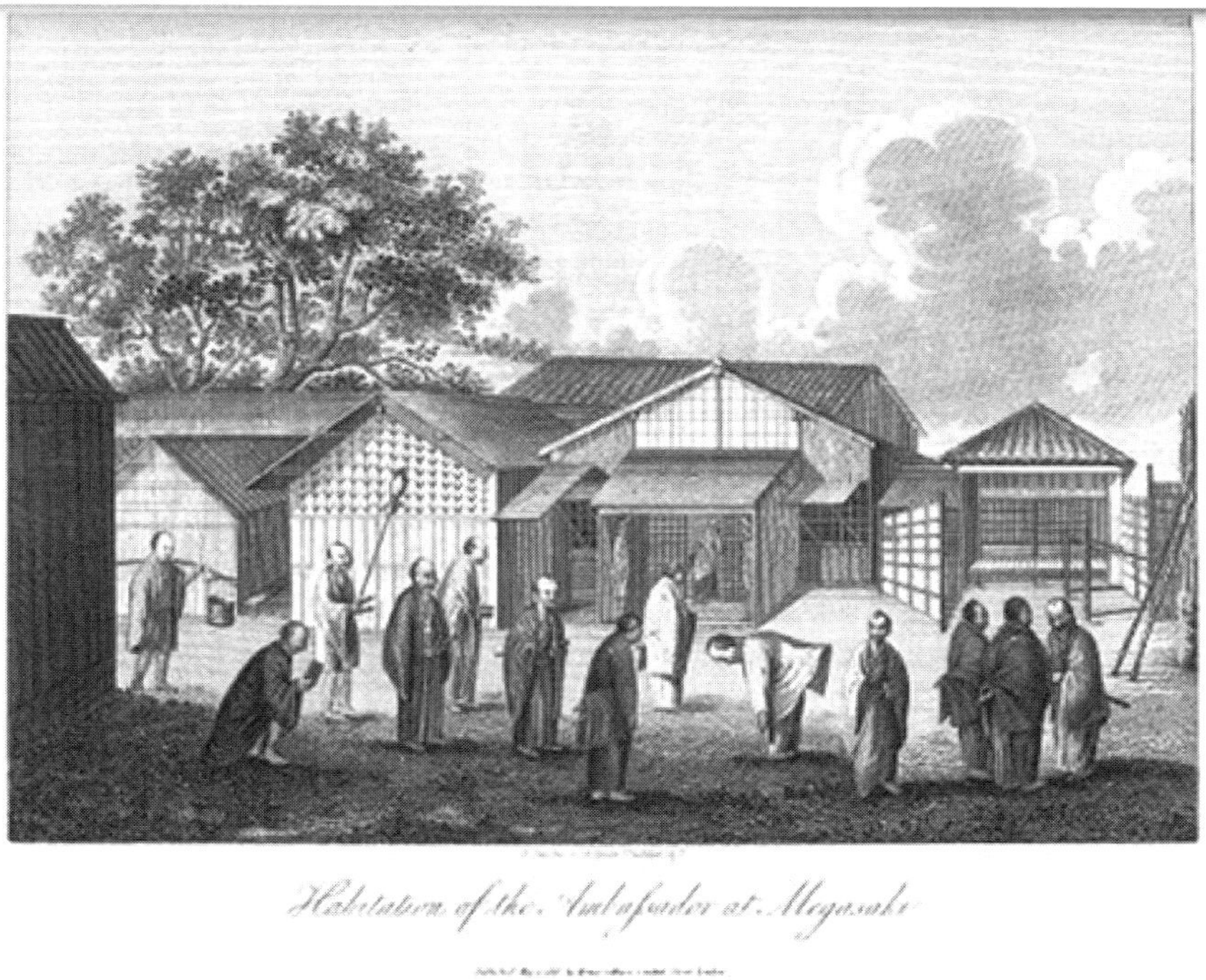

梅が崎の使節の住居

前景の左手には、日本皇帝への献上品のための倉庫の一部。その裏手から水の運搬人が姿をあらわし、陸側にある戸口から中庭に入ってくるところだ。その左には士官数名のための部屋、次に台所がある。中央には使節の部屋があり、その表玄関にはロシア人儀仗兵が付き添っている。その右には海に面した中庭の戸口がある。その近くから高い竹竿の囲いが始まる。

中庭には家来を連れた日本人役人が集まり、その右手には会話中の３人がいる。その間には一人が殿方に挨拶をしている。この国の慣習に従って体をかがめ、両手の掌を膝に置く。左手には何人かの「大臣」が立ち、そのうちの一人の後ろには兵士が栄誉を示す旗を持っている。平民の召使が主人の背後に地面に卑しく座り、手に主人のための草履をもっている。

この図版の大部分はフリードリヒ少佐のスケッチによるものであり、私はそれから版画にすることを許された大いなる恩義をうけている。(口絵 F6)

それはまさに、石を投げれば届くほどの距離である。わが庭の二つの戸は、ともに常に鍵がかけられ、夜間はかんぬきがかけられた。

十二月二十一日までは特別なことは何もなかった。日本皇帝への献上品は徐々に陸に揚げられ、番所の前では、次々と船が停泊していた。梅が崎に運ばれてきた荷物はすべて番所衆や通詞によって検査を受け、詐欺にあったり、盗まれたりしないようにするため、正確なリストに記録された。

二十二日、通詞が知らせをもってやってきた。前日、江戸からの回答を受け取ったこと、またこのことを奉行の名において使節に知らせるために、この日「大臣」が来るだろうとのことだ。通詞が言うには「大臣」は皇帝の決定をもってくることになっており、この人物をどのように出迎えるべきか、すでに議論が起きていた。使節はこの問題での議論に終止符を打ち、オッペルバンジョーストを可能な限りの丁重さと優遇をもって受け入れよう、そして友好と儀礼の通例の象徴を逸することがないようにしよう、と言った。結果として「大臣」をわがヨーロッパ式の慣習に従って出迎え、会話を交わす間、使節は椅子に座り、オッペルバンジョーストはソファーに座るべきこととした。

同時に通詞は、何気ないふりをして、使節が奉行に謁見するときの然るべき儀式の問題について、次のようなことを言った。古来より、すべての使節は東洋の慣習に従って、奉行の前では跪いたものだ、と。かれらは真実を喋っている証拠として、昔のポルトガル人使節に対して許された謁見に関するいくつかの公式記録の写しを示した。それによるとポルトガル使節はその慣習に応じたことははっきりしているようだ。そこで使節は、奉行からうけた丁重さの実例のたびに、それにふさわしい作法で返礼することはまったく自分の本望であり、この国の確立された慣習に則って、自らの行動を律しよう、と述べた。

ついに「大臣」が随分ともったいぶった雰囲気で姿をあらわし、奉行の名において、江戸からの急使が到着したこと、急使は日本の皇帝からロシアから長崎に到着した船に対し、重要な許可を持参したことを公表した。その結果翌日、艦は長崎の港に曳行され、梅が崎の居住地から一ベルスタ半〔約1.5km〕の距離に錨を下ろすことになった。同時に、頭上の丘の上に駐屯していた警備隊が撤退した。これは、あとで分かったことだが、皇帝の緊急の命令によるものであった。

艦を港に引き入れる許可を得る

われわれを見張る警備や番船の数の多さにもかかわらず、陸上の一行と艦に残った部隊との間の自由なコミュニケーションは依然として妨げられていた。誰かが艦から陸に来るにしても、また陸から艦に行くにしても、そのことを奉行に知らせるよう義務付けられた。このような迷惑な処置に対してさんざん不満を表明し、そしてようやく行き来に制限が加えられないよう許可を得た。それでもなお、規制がしかれ、誰か陸に来るとき、あるいは誰かが艦に行こうとするときは護衛役人に対して赤旗を掲げて知らすべきこと、また出入り口には、中に入るにも、外に出るにも、二重のかんぬきが掛けられるようにしたのである。その上さらに、最初に定められた人数以上、あるいは以下の人間が陸上で寝てはならない、という緊急の条件が出された。こうした理由から、毎日の夕方、役人が見ている前で通過しなければならないことになった。二十五日、コシェレフ中尉が艦に用事があり、三夜を艦上で過ごす必要になったが、人数合わせのために彼の代わりに水兵一人を陸に送らなければならなかった。

三十日、使節は通詞の何人かを派遣し、艦の修理のために銅板、釘、木材、ビーム〔横材〕、その他様々な資材が必要なことを知らせた。使節はまた奉行に対し、海岸の隣接地に索具を修理するための小さな場所を要求した。通詞はこれらの要求をすべて約束し、艦を修理するための一切の資材を無償で提供することは政府の義務であるとしている、と言った。

三十一日、オランダ人は年の終わりの儀式を行った。通詞のほとんどが出島での晩餐に招かれ、夕方には壮大な照明がなされた。梅が崎のわれわれは、いつものように忍耐と考え事をしながら、パンチ〔葡萄酒〕のグラスで静かに、戸口を閉める音を聞きながら過ごさなければなかった。一月一日から二日にかけての夜、寒暖計は氷点下一度まで下がった。

三日、通詞が艦の修理に必要といった資材、船底包板用の銅板、銅釘、その他の見本を持ってきた。かれらは自信満々につぎのように言った。日本とロシアは最善の間柄にあり、したがって筑前侯に所属する番船すべては帰還するよう、前日奉行から命令が下されたと。実際、港に停泊していた少なくとも四十隻の番船が帆を張っており、肥前侯の番船の武器が解除されているのが分かった。使節の謁見の許可にかんして、いまだ何らの回答がなされていないことの質問に対し、通詞は次のように言った。その件に関しては現世の君主だけでは何事も決定することはできない、内裏、すなわち神聖の君主に相談しているところであり、内裏はまだ何ら回答していないと。

日本人が挨拶を交わす作法（梅が崎の門と番小屋）
（ティレジウス画）

われわれが最も気にかけていることの問題について、なにも聞かされないまま、さらに半月が過ぎた。寒く、不愉快な気候が使節の健康にきわめて打撃的であることがわかってきた。非常に具合が悪いと聞いたドゥーフ氏は、実に綺麗な日本の綿入れの寝間着を送ってきた。しかしそれは日本製であったため、ドゥーフ氏はそれを送る前に、奉行の許可をお願いしなければなかった。奉行はその許可を与える代わりに、商人に寝間着の代金を支払い、それから奉行の名において使節に送り届けたのである。

日本人漂民喉を切る

十六日の早朝、われわれの家でただ事ではない騒ぎと混乱が起こった。その事件について聞いたところ、連れてきた日本人漂民の一人が自殺(37)を図ったとの知らせを受けたのだ。それによると彼は剃刀を口から喉に押し込んだが、その時居合わせた者に発見され、目的を完全に果たすのを防ぐことができた。口から大量の血が流れだしたが、当番の地役人は、私が傷の診察をすることや治療をほどこすことには、どうあっても同意できないと言った。この事件は警備から伝えられ、番所衆と医者が送られてくることになったが、午後になるまで到着しなかった。かれらはいたって簡単な事件の調査に入り、調書を書き取って、それを慎重に封印した。負傷した男は危険な状態にはなさそうであった。実に綺麗な漆塗りの箱が医者の前に運ばれてきて、彼はこの携行用薬箱から、患者用に必要な物を取り出した。医者は、たちまちのうちに粉薬を溶かし、いろいろな種類の薬草でうがいさせた。

この事件の結果、使節は奉行にたいして要求を送り、日本人を全部引き渡し、同じような不快な出来事が再発しないよう求めた。しかし奉行はこの要求には応じられないとの返事をしてきた。なぜなら、以前の機会に使節に対して日本人漂民を引き渡すよう申請したのに、使節はそれを拒絶したからだとの理由だ。したがって奉行は、この件に関して何らかの処置をするには、江戸からの指示を待たなければならないとした。使節はこれに対し自ら手紙を書いたが、それ以上うまくいかなかった。番所衆と役人はこの事件について極めて簡単な調査を行ったが、自殺を図った男は母国に帰ると自分の自由は剥奪されるだろうと悲観したとのこと以外は、何も知らされなかった。

夜の八時、思いもかけず出入り口が開けられ、たいへんな人数の日本人が押しかけてきた。一緒に来た通詞は、これは番所衆がただ何事か異常はないかを調べにきただけであり、こうしたことはオランダ人や中国人に対してもしばしば同様の訪問をしている、と言った。実際のところ、なぜこのような時間に来たのか、ほかにどうにも見当がつかなかった。

十八日以降、地役人が警備している二つ目の出入り口は鍵がかけられず、開け放たれたままになった。その出入り口からは、せいぜい百歩ほどの長さの、町に面する側が竹竿で囲われた小さな場所に通じていた。そこは新鮮な空気を吸うための散歩に利用でき、また広く海が見渡せた。このように使節に対して追加の自由が与えられたわけは、数日前に使節が番所衆に対し、われわれの住居は偉大な君主から送られてきた使節の居所というよりも、監獄のような有様だと言ったからだ。十九日の夕方遅く、二日前と同様、番所衆が一人で住居の点検にやってきた。この時かれは使節に対して敬意を示す挨拶をし、奉行の命令により、自殺を図った日本人は自分の精神的な理由からだったということを知らせにきた、と言った。

二十二日、通詞が一人、艦の修理に必要な多くの資材について記録をとるために派遣されてきた。ここ数日間、戸口の前の小さな場所で新鮮な空気を吸い、散歩することが許されて、大いに楽しんでいると言ってやった。通詞は念を押すように、これは奉行の同意なしに行ったもので、このような自由は警護にあたる役人だけでなく通詞にとっても極めて有害なものかもしれない、と言った。ちなみにその自由は、すべてわれわれ自身が獲得したものなのだが。それでもなお通詞は、このことを奉行に伝え、さらに可能ならば、そこでいつでも散歩できるように許可を得るよう斡旋することを約束した。翌日かれは知らせをもってきて、艦の修理のための資材はすべて用意する、さらに使節とそのお供、および士官についてはこの場所での散歩が許可される、だが水兵と召使は許可しない、と伝えてきた。

負傷した日本人には、毎日内科や外科の医者、助手ら数名が訪れた。最初の医者は頭を完全に剃っていて目立っており、二人目の医者は髪が非常に薄く、その他の町人や番人は頭のてっぺんだけを剃り、頭の両サイドと首まで髪があった。

散歩する日本人女性（ティレジウス画）

通詞は同時に、御奉行はごく近いうちに吉報をもたらすことができるだろうという望みをもっている、と言った。遊歩場のもう一方の側には、しばしば町人がやってきて格子垣の間から覗こうとしているのが分かったが、それはヨーロッパで見世物のために連れてこられた野獣を見るのと同様である。あらゆる階層、年恰好の男、女、子供たちが、いたるところからぽかんと口を開けて覗きみるのである。そのほかに大勢の物乞いの僧がいる。かれらは医者と同じように頭を完全に剃っている。二十四日いろいろな用事でやってきた何人かの通詞が、自信ありげに次のようなことを言った。江戸からの回答がくるのに相当な時間がかかっている、なぜならば将軍は自分の筆頭の評議員の一人を内裏のもとへ送ったが、使節の受け入れにかんして同意が得られないため、問題を自分たちで持ち去ってしまおうと策略しているのではないか、しかし、十五日ないし二十日間のうちには決定的な回答が到着する望みがある、という。

二十七日、レザーノフ使節は通詞数名を奉行のところに送り、かれの忍耐と我慢はすでに頂点に達している旨、奉行に伝えるよう命じた。彼は明確な回答を出すよう、また、なぜひとつのことにこれほど長く待たせるのか、そしてなぜ毎日毎日、毎週毎週、そして毎月毎月、空虚な約束を持ってくるのか聞きたい、と強調した。通詞はわれわれに、完全な秘密ですがといって次のように話した。江戸では評議会が招集され、将軍からロシアとの通商を確立する便宜を与えるべきかどうか一緒に相談するよう命じられており、そのことがこれほど多くの遅れの原因になっている、とのことだ。

翌日は日本の新年の始まりの日にあたり、二十九日のこの日、どの家も木製の縁台で囲い、入り口の前には二本のモミに似た常緑樹が植えられる。玄関先には藁を編んだ記念碑、エビに似せたもの、オレンジ、キャベツが置かれる。それらは多くの乾燥した果物、二つの特別な小銭、塩と米、海藻、真昆布、あるいは葉っぱのついた竹の茎、シダが飾られる。エビは、その再生力の強さ、はさみを全部失っても再び生えてくる、そしてその鮮やかな赤色、これは日本人が健康の象徴とみなしているのである。オレンジは日本人の言葉でダイダイ〔橙〕と呼ばれ、同じく繁栄を意味する言葉で、新年にあたってそれが増えることを期待する。キャベツは日本語で「すみ」とよばれ、同じく富を意味する言葉であり、その象徴として使われる。その他も日本人にとって必要不可欠なものであり、おそらくすべてが同様の意義をほのめかすものであろう。

夕方、使節は日本的趣味の実に素晴らしい新年の祝いものを受け取った。日本人は、それぞれの身分や人物に応じて、お互いに同様の贈り物をするのである。使節が受け取ったものは、この国でもたいへん珍しいものである。というのは、同様の物はかなり著名な人とか偉い人の間でのみ贈られるものだからだ。実に見事に作られた新しい木の箱の上に、米を調理した二つの大きな丸い料理が乗せられ、その上にエビ、オレンジ、真昆布、塩味のクリ、イチジク、青野菜、いくつか様々な種類の葉、藁、そして、一番上に、既に述べたような祝いの言葉の紙が載せられている。〔鏡餅、口絵F9〕

夕方近く、通詞が一人、二日前に出した質問に対する答えをもってやってきた。かれは、使節がたびたび期待を裏切られていることに関して、奉行が言葉に言い表せないほど気にかけている、と言った。江戸からの明確な回答が遅れている理由は、使節の受け入れについて相談するために、首都から二百マイルも離れたところに住んでいる叔父、兄弟、その他近い親戚を招集しているからとしか推定できない、しかしながら、この遅れは良い結果をもたらす予感がする、なぜならもし拒否するのであればずっと前に返事がきたはずでしょう、という。

一月三十日は日本の新年の日である。人々はお互いに夕方遅くまで訪問し、それが三日間続く。こうした祝い事のたびに日本人は儀式用の衣装を着る。すなわち、皇帝から最も貧しい民にいたるまで、普段着の上に特別な衣装を着るのである。それは淡いブルーの木綿地でできており、あらゆる階層や地位の誰でもが、同じ質、色、つくりである。

二月一日、通詞がひとり儀式用の衣装を着てやってきた。かれは奉行から新年おめでとうの挨拶をするよう、遣わされてきた。昨日、回答を急がせるよう、江戸に別の急使が送り出されたとのことだ。祝いの最終日である二日、煎ったエンドウ豆をいっぱいに入れた小さな箱が届けられた。それは鬼や悪霊を追い払うために家のなかの隅々にばらまくものである。四日、新年の祝い飾りは取り払われ、出入り口の前には、近づく春のしるしとして果物の小さい枝が飾られる。傷を負ったわが日本人漂民の回復状況はあまり思わしくなく、五日に三人目の医者が呼ばれた。

気球を上げる、それが引き起こした警告

この国で作られる紙は非常に薄く、軽く、そして強い。そのため気球を作るのに十分適しており、私は一つ作ってみることにした。直径およそ十フィート、高さ十五フィートの気球である。六日、通詞と日本人役人の数人がやってきて、日本で初めて揚げられる気球を見学するのに大喜びであった。気球はかなりの高さまで揚がったが、上のほうの部分に小さな破れが生じ、長崎の町のなかに落下してしまった。燃焼用のアルコールから気球は落下直後から燃え出し、大量の煙がでたため、町人たちはそれを火の玉ではないかと思った。火は直ちに消され、奉行所に運ばれたが、通詞がその事情を奉行に説明した。もし奉行が物分かりの悪い人間であったなら、事は非常に不愉快な結果をもたらしていたかもしれない。その通り。奉行は、もし私が次に気球を揚げるのであれば、風向きが陸ではなく海の方向の時を選ぶがよい、と願うだけであった。

八日、通詞が何人か別れを告げにやってきた。かれらは江戸に行き、バタヴィア会社の名において、献上品を皇帝に送り届けるという。オランダ商人は、こうした機会に自分たち自身が行くのは旅費がかかりすぎるか、または近年は江戸に行くことを拒否されているかのいずれかだろう。

日本人見張り番のいる部屋（ティレジウス画）

この時の奉行からの知らせによると、極めて位の高い行政官が江戸を出立し、ひと月のうちには長崎に到着し、使節に関する決定的な答えをもってくるだろうとのことだ。これには、われわれが江戸に向かうことが起こるのではないか、という疑問をもつに十分な理由がある。艦の修理に必要な援助はすべて与えられ、またこちらからも、必要な場合作業をやりやすくするためのより広い場所を申し出た。

十二日と十三日、新年の祝いのいろいろな物が燃やされ、どの家の入り口のまん中には、疫病神が入ってくるのを防ぐための飾りがかけられた。

レザーノフ使節の病気

二十日までは特別なことは起きなかった。使節はかなり具合が悪く、リューマチの痛みと胸部の苦痛を訴えた。当然のことだが、その上に彼は、偉大なロシア皇帝の代表として、自分自身がまるで国事犯であるがごとく幽閉されていることが無念であり、悔しくてたまらないのである。奉行はたびたび通詞や番所衆を送ってきて使節の健康を伺った。体調不良が続くため、使節はとうとう負傷した日本人漂民を毎日診に来る日本人医者に診てもらおうかという気になった。医者に自分の具合の悪さを忠実に伝え、治療方法についての助言を求めた。

医者はただちに新しい患者の診察にあたった。この医者の診察で一番衝撃的だったのは、腹部を丹念に触診し、脈を採るかわりに、心臓の鼓動を知覚するために自分の頭を胸部に強く押し当てたことだ。日本人役人が立ち合い、医者が自分の薬箱から薬を与えるべきだと同意した。それは薬草で、発汗作用を促進する一種のお茶である。同じ日の夕方、別の役人が何人か来訪し、かれらが言うには、奉行の使いで、これらの薬を返却するよう、また、使節が日本人医者の診察を受ける願いを書面で知らせるよう、求めてきた。

薬を用意する日本人医者(ラングスドルフ画)

翌朝、通詞が一人やってきたが、彼に対しては前日、使節が日本人医者の診察を受けるための奉行の許可を得るよう、口頭で命令がなされていた。持ってきた答えは、このように重要な人物である使節においては、もしも病気が不幸な結果に終り、ロシア皇帝が日本皇帝に賠償を要求するというようなことが無いよう、注意して進める必要があるとのことだ。したがって奉行は、使節が日本人医者の診察を受けたいという願いを書面で署名することを求めなければならないのである。(38)

これについて、使節は病気のために自分で書くことができないことを詫び、フリードリヒ少佐が使節の名前で手紙を書いた。夕方数人の役人と通詞が来訪し、使節に会うことは求めず、使節付きの役人数名と主任医師である私と話をしただけだった。かれらは奉行から次のようなことを伝えるよう命令されてきた。すなわち、使節が日本人医者に診てもらうことを望んでいることにはたいへん驚いている、なぜなら、日本人にとって医学の知識においてはヨーロッパ人のほうがずっと優れていることは広く知られていることであり、さらに遠征隊には三人の医者（エスペンベルク、ティレジウス、そして私の三人の医者を指している）が就いているではないか。したがって奉行は、病気の危険性は極めて大きいと察し、使節付きの医者および使節の上官のすべてが、それが逼迫した状態であることを書面で宣言するのでなければ、おそらく許可は与えられないだろう、とのことだ。私も他の誰もが、このことが善いか悪いか、安心して判断力をもって言うことはできなかった。さらに、それによってすくなからぬ遅れを生じさせるだろうし、かりにそうしたとしても、とりわけ通詞にも分からないように、奉行がどのような答えを持ってくるのか、分からないからである。私の信ずるところでは、危機は次の日の夜にやってくるかもしれないし、翌朝まで待つのでは遅すぎるだろう、ということだ。かれらはそれに納得した。

翌日、レザーノフ使節の具合はずっと良くなり、日本人医者の診察は必要がなくなった。わが士官の何人かは、さんざん苦労して短時間の猟銃使用が認められ、猟銃をきれいにし、全部錆びついてしまわないよう、保管した。

二十七日、通詞の何人かがナジェージダ号の艦上に来訪し、表向きはクルーゼンシュテルン艦長の健康を尋ねることにあったが、本当の動機は、修理がどの程度進んでいるか、艦は直ぐにでも出帆できる状態にあるかどうかを知りたくて来たように思われた。その後かれらは、使節のところに質問をしにやってきた。その他のことでは、奉行が江戸から到着したばかりの急使による知らせを受け取ったこと、将軍から高位の行政官がわれわれの件で長崎に派遣されることになり、二月十八日に出立するだろう、とのことだ。これについて使節は驚きを表明せざるをえなかった。かれはこれまで繰り返し不正確なことを言われ、二月八日には、「大臣」はすでに長崎への途上にあり、ひと月内には到着するだろう、と言われていたからだ。

三月一日、猟銃の残りが届けられ、それと同時に猟銃をきれいにし、このことについて何もほのめかすことはしなかった。通詞との個人的な会話からは、ロシアとのこれからの通商問題に関してはすでにすべて決定され、江戸からの高官はそれに必要な書類を全部持参するだろう、したがって、われわれ自身が首都に行くというような望みはないと思われる、というふうに思わせるものだった。

ここしばらくの間、日本人とやりとりすることはほとんどなかった。ときどき通詞が何人かやってきて、使節の健康状態を尋ねるとか、修理の進捗状況を見にくるくらいであった。わが使節の問題については何も知ることはなかった。三月十二日、ついに通詞が来て、われわれが江戸に行くことになるかどうかは、たいへん疑問に思う、おそらく、長崎への途上にある「大臣」は十日のうちに到着し、交渉に結論を持つ全権を委任されており、したがって、望みどおりに四月か五月には出航する準備ができるでしょう、と知らせてきた。

続く数日間、われわれは出発の準備に真剣にとりかかった。男たちは索具を艦に運び、帆をあげられるようにした。食料に関しては、通詞が言うには、たくさんのビスケット、米、塩が無償で与えられるだろう、奉行は、ロシアから日本に来る間に消費したであろう量の食料に対して、何らかの方法で報いることを義務と考えている、と。

二十六日、大量の雨を伴ったかなり激しい嵐が来た。西からの風が強烈で、わが艦は二つの錨を下ろしたが、それでもその場所から五十ファゾム〔90m〕の距離を流され、砂浜に乗り上げる大きな危険にあった。三番目の錨が下ろされ、その時風が止み、そして鋭い雷鳴とともに、続いていた悪天が終わった。三月十七日から四日間続いた嵐からすれば、このあたりではいよいよ嵐の季節がやってきたことを思わせる。

第五章

長崎における出来事の要約

江戸からの大臣の到着が知らされる　―　使節を迎えるに際しての作法に関する議論　―　最初の儀礼的謁見　―　交渉のための第二回目の会談　―　別れを告げる第三回目の謁見

江戸からの大臣の到着が知らされる

このようにして梅が崎の指定された場所で、鍵とかんぬきがかけられた状態で数か月を過ごしたのであった。日本人との交流はほとんどなく、通詞でさえ、奉行の特別の許可がなければわれわれを訪問することはできず、特別に急がれる要件が無ければ、ごくまれにしか来なかった。この間の主な仕事[39]は、艦を清掃すること、日本皇帝への献上品を陸に揚げ、それらの荷をほどいて整理することであった。さらには艦の修理には常に注意を払わなければならなかった。そして不思議なことに、修理に必要なものは自由に要求でき、直ちに運ばれてくるのであった。その他のことで言えば、食料品を除いて、奉行の許しを請わなければ一切物を買うことはできず、それもまたしばしば拒否された。かりに許されたとしても、それにはたいへんな苦労をさせられた。生きた鳥や、煙管のようなつまらない物であっても、拒否されることがあった。食料品はどのようなものであっても無償で提供された。まことしやかな言葉によってわれわれは一〜二か月も待たされた。江戸からの回答があり次第、あらゆる自由、そして二国間の自由な交際が許される、と。

様々な衣装を着た日本人

右手の家、戸口の前にいる男は米の殻をとる仕事をしている。彼は大きな丸太をくり抜いた木の土台を使い、なかには米が満杯に入っている。丸太のくぼみの中心には、つなぎ合わされた同じサイズの輪がたくさんあり、その同じ高さまで米が入っている。男は大きく重たい木のハンマーを輪でできた隙間に打ち下ろす。すると打ち下ろすたびに、米粒が隙間におちるのである。次の人物は子供を背負った婦人で、貧困階層ではこのように子供を運ぶ。彼女は髪に何本か長いピンを飾りにしている。次は、扇子をもった女性で、その髪型は昔のフランス人の髪型に似ている。髪の毛は髪油で固められ、金や銀の何本ものピンを指し、花を飾っている。彼女の後ろにいるのは召使で、肩の上に金持ちの子供を乗せている。子供は一般的に頭を剃り、たいてい長い赤の着物か、またはたくさんの花柄の着物を着せられている。赤色は子供にとってとても健全なものとされている。続いては、貧しい労働者で、傘の代わりに、雨を防ぐ大きな藁を編んだ帽子、それに藁のマントのようなものを身に着ける。それは天気によって有効な防寒具となる。彼は、すべての日本人と同様、煙草を入れる小物入れを持っており、煙管は帯にぶら下げている。最後は、冬着を着た職人または町人である。彼は頭に寒さを防ぐために布を巻き、この国のファッションのとおり、帯から下着にかけて手帳を下げ、扇子、煙草入れ、煙管、インク容器を帯に付けている。（ラングスドルフ画　口絵 F8）

二か月間待たされた後、江戸からの「大臣」および使者が到着したことを知らされ、これによって物事すべてが新しい局面になると思われた。首都に向かう旅の希望は日に日に薄れていった。通詞たちは艦の修理の進捗状況をそれまでになく詳細に調べるようになり、そしてもはや友好的な通商関係を確立することができるという望み以外には、何も残るものはなかった。

それでもわれわれの場所に身を置こうとする者は、いかに不愉快な状態に置かれているか、極めてあやふやな考えを持つことしかできない。度重なる嵐に会い、多くの困難を経験したあげく、ついに興味深い国に到着したのにだ。そこではかりに友人としてではなくとも、少なくともあらゆる尊敬に値する地位ある外国人として迎えられるべきことを願った。ところがそうではなく、犯罪者または国事犯のごとく扱われ、せいぜいわずか百歩四方ほどしかない場所に隔離され、鍵をかけられた上に、四方から監視されたのである。これは、過酷であり、また不当な待遇でもある。

今や春がやってくる。万物が生き生きとし始めているというのに、竹竿でつくった巨大なバリケードによって素晴らしい眺めは完全に塞がれてしまっている。武器を取り上げられただけでなく、この疑い深い国民のなすがままの状態に置かれているのである。科学や知識を得ようとするあらゆる努力も妨害され、そのために精神の自由は欠乏

長崎の日本人（ティレジウス画）

し、そして本来膨らむべき研究領域も収縮してしまった。食料として運ばれてくる魚だけが、科学的調査の対象を提供してくれた。そしてとうとう、内緒の約束によって、仕出し屋に毎回違った種類の魚を運んでもらうことに成功したのである。これによって宮廷顧問官ティレジウス氏と私は、時々は大変うれしい思いをしたのである。物を買うことは一切不可能にされただけではなく、日本人に対してまったくつまらない贈り物をすることも同様に禁じられた。われわれに最も信頼された通詞のような人物が、墨、絵、扇子、煙管など取るに足りない物を内緒で持ってくるだけであった。しかしそうすることだけでも彼らは調べを受ける危険を冒すことになり、もしも露見してしまえば、そうした軽犯罪に対して命をもって償わなければならないのかもしれないのだ。

使節を迎えるに際しての作法に関する議論

三月二十七日、嬉しい知らせが来た。奉行からの正式な形式により、江戸から「大臣」が皇帝の回答を携え[40]、二日以内に長崎に到着するだろう、との知らせである。三十日に護衛から聞いた話によると、使者はすでに数日前に町に到着しているが、四月二日になるまでは、その到着の知らせはわれわれには伝えられないとのことだ。それからまた、しばらくの間、通詞が一人も来ていないこともわかった。そしてとうとう四月三日、通詞数名が姿を現し、「大臣」の到着のこととともに、翌日奉行所において使節を謁見するために招くことを知らせてきた。その上さらに、その際に守るべき相応しい儀式[41]について取り仕切るよう命令されていると言った。

この謁見の問題に関して通詞が使節に伝えたところによると、翌朝八時にオッペルバンジョーストが来て、使節を奉行所まで案内するとのことだ。海上を行くのが最も近道なので、肥前侯の御用船で大波止[42]の大段まで行き、そこで護衛兵が出迎える、そこから使節は大型のノリモン（またはセダンチェア）に乗って奉行所まで進む、それには「大臣」が何人かお供をする、という提案がなされた。しかし、この特別扱いは使節だけに限られ、上官については徒歩で行かなければならない、とのことだ。かれらが念を押すには、ノリモンはたいへん広くて乗り心地が良く、このようにして運ばれるのは、この国の最も地位のある人、「大名」だけに限られているやり方であると。奉行所に着いたならば、使節は一人だけ別の部屋に案内され、かれの連れである上官は別の部屋に案内される、そこで謁見の開始まで「落ち着く」ということである。かれらはここで、「それまで待て」という言葉を使うのを避けたことが分かった。かれらが言うには、これはすべて特別に敬意を払うことによって行われることであり、この国ではいかなる時であっても「大臣」は政府の身分の低い召使からは引き離される習慣になっている、とのことだ。しかし使節はこのように差別されることは辞退したい、そして上官も同じ部屋に居られるよう要求した。

通詞が続けて言うには、謁見の広間には、使節ただ一人が入ることを許される、なぜなら、この部屋はこの国の最も偉い人物にだけ許される神聖なる場所であり、オランダ人は決して控えの間から奥へ入ることは許されていない、とのことだ。これに対し使節は、反論を繰り返し、たくさんの議論をした結果、この点および上官から引き離さないという要求については、文書にすることを命じられ、そして奉行の決済に留保されることになった。

挨拶の問題に関しては、この国の慣習に従い、尊敬の念を示す証拠として、すでに述べたような作法に従って、奉行および皇帝の代理に対して跪き、頭をさげる、ということをかれらは要求してきた。レザーノフ使節はこれらの要求を拒否し、「大臣」に対してはヨーロッパ式のやり方で、かつロシア皇帝に対して敬意を示す同じ作法で挨拶を行う、と宣言した。少なからぬ苦労と、たいへんな議論の応酬の結果、この点については容認されることになった。さらに通詞は、拝謁する間使節がどのような姿勢を保つかについて聞きたがった。東洋の慣習によれば、日本では椅子の使用は知られておらず、日本人は敷物または畳の上に座るか、あるいはむしろ跪くのであり、こうした作法に同意してほしい、そのやり方はこの国の大名に義務付けられており、使節においても、江戸からの「大臣」や奉行と同じように、柔らかい藁のマットの上に座ってほしい、と要望した。使節はこれを真っ先に拒否し、自分はロシア皇帝の面前でするのと同様に立ったままで謁見したい、と述べた。しかしながら、この件については繰り返しの説得を受け、もしそのようなことをすれば、それは最も無作法なことになるだろうと念を押され、使節は自分の足を脇に伸ばして座ることに同意した。通詞はまた、使節が謁見の間においては帯剣することなど考えないよう、これまで見ての通り、偉い人たちは普段は両刀をさしてはいるが、このような場所においては常に帯刀しないことになっている、と懇願した。使節はさんざん非難したが、この点については譲歩し、通詞に対し、日本皇帝に対する最大の礼儀を尽くす証拠としてのみ、それに従うと念を押した。

使節の拝謁にあたり随行者に選ばれたのは、フリードリヒ少佐、フォッセ宮廷顧問、フョードロフ大尉、コシェレフ中尉、そして私であった。マスケット銃を装備した儀仗兵が付き添うことを日本人に同意させるのは不可能であった。最大限認められたのは、使節の尊厳を示すべくロシア帝国の旗を持つ兵士が一人ついていくことであった。夕方になって通詞が奉行の回答をもってやってきた。使節の上官は同じ部屋に通されること、そしてそのうち二名は謁見の間に随行することが許されることになった。


四月四日朝八時、番所衆と通詞が姿を現した。木綿や絹の旗や幟で飾った肥前侯の御用船が、使節とその随行者を迎えに来た。肥前侯の旗を掲げた多くの小船が、御用船に伴走した。

大波止の階段に到着して上陸し、使節はかなり地位の高い日本人数名の出迎えを受けた。そこにはたくさんの記章を持った大勢の警護兵が待機しており、すべて次々と列をなして跪いている。海岸沿い、そして周囲一帯の家々、要塞、番所は皇帝や肥前侯の紋章が入った垂れ幕で覆われ、家並みや人々がまったく見えないようにしてあり、またわれわれを見ることもできないようにしてある。あちこちで堪えきれない好奇心から、垂れ幕の向こうからのぞき見をする頭が見えるだけだ。しかし、住民たちからはほとんど見られなかったし、一方われわれ自身の目も住民や町を観察することは同様に制約されることになった。こうした状況は上陸した場所に限らず、通過した主要な通りすべてにおいて同様だった。そしていくつか垂れ幕がすっぽりと覆いしきれない横丁では、住民がいる場所に蓆や格子戸がかけられ、見えないようにされていた。こうした状況の理由は、通詞が言うには、庶民は使節のような「偉人」に顔と顔を合わせるに値しないから、排除すべきなのだ、とのことだ。

大波止の大段に上陸すると、われわれの行列[43]はつぎのような順序で配列されることになった。先頭には家来をつれた番所衆ほか様々な地位の人間およそ四十名、次に六名の日本皇帝の兵士がマスケット銃の代わりに長い棒をもって続く。その後に使節が乗ったノリモンが進む。それは四人によって担がれ、その後にロシア帝国の旗持ちが従う。それから使節の騎士が、大勢の高官や通詞を伴って行く。その後に十六名ないし二十名の日本人警護兵が馬に乗った役人の下に続く。そして最後に、大勢の藩の下級役人、高官が長い家来の列を従えて進む。

行列はいくつかの街を通過していった。その通りの名前は、歩いた順番に言うと、外浦町、大村町、本博多町、堀町、本興善町、豊後町、勝山町、八百屋町である。そして

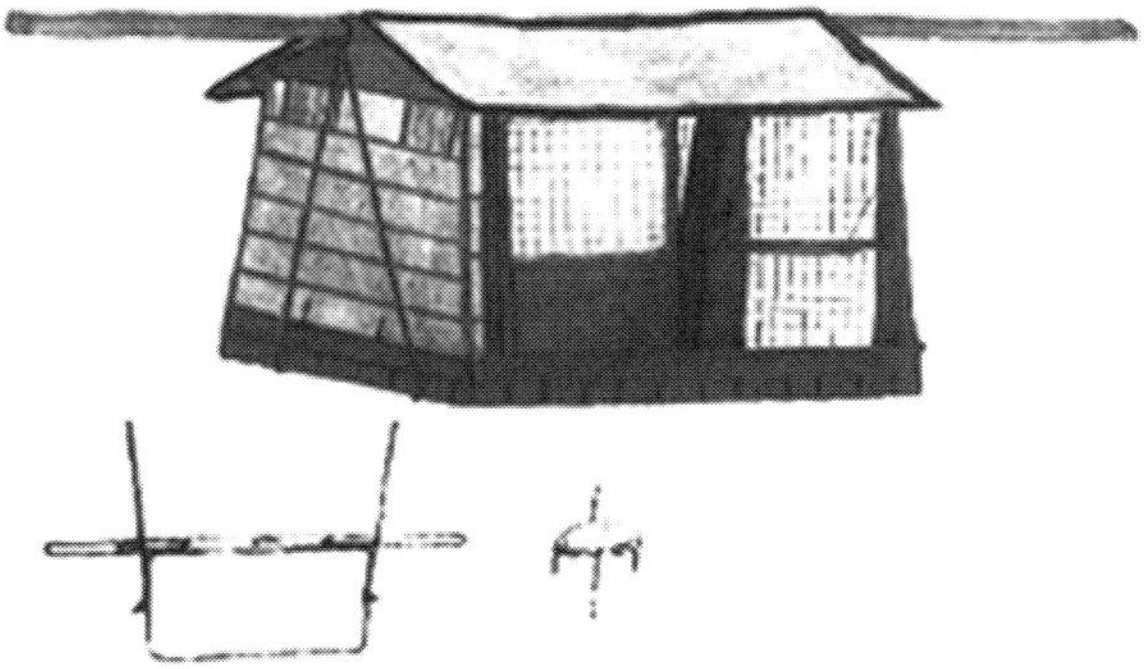

「ノリモン－片方の側が開いた乗物」（ティレジウス画）

その終点に奉行所がある。通りにはすべて大小さまざまな花輪を飾った番所が設けられ、地役人や藩兵が警護している。通りは広く清潔で、両側に水を通す広い溝があるが、すべてが舗装されているわけではない。通りの中央に沿って一列の小石を敷き詰めたり、あるいは大きな角石を敷いたりしてある。すでに述べたように家並みはほとんど見ることはできなかった。それらは主に木造の平屋づくりで、窓や戸口には実に多くの格子が使われている。

使節の長崎上陸、奉行所への行列

前景にあるのは、何隻かの護衛船に取り囲まれた肥前侯の御用船。その後は大波止の階段。広場に面した家々には、肥前侯の掛け布がかぶせてある。階段の真後ろには町の番人、その前には様々な栄誉を示す記章、その両側に数多くの提灯。左手の遠景に町の上のほうに続く階段。皇帝の掛け布がつるされており、右手にある屋敷や階段は王位の建物なのである。

行列の順序は以下の通り。先頭にいろいろな地位の人間が40名、そのなかには家来を連れた何人かの番所衆。次に、日本皇帝の兵士が６名、手にマスケット銃のかわりに長い棒を持っている。続いて「ノリモン」または椅子、そのなかに使節がおり、４人に担がれて運ばれて行く。すぐ後ろに一人のロシア兵がロシア帝国の旗をもって歩く。さらに使節団の５人の上官が歩き、多くの町の有力者や通詞が付き添う。その後ろには１６名ないし２０名の警護兵がマスケット銃の代わりに棒を担いで進み、馬に乗った役人が就く。大勢の下級役人、通詞などが行列に密集している。少し前にちょうどにわか雨があり、この季節には多くの人が傘をもっている。(ラングスドルフ画　口絵 F7)

最初の儀礼的謁見

奉行所の玄関では、われわれはすべて靴を脱がねばならず、使節も例外ではなかった。それは藁のマットや磨き上げられた廊下を汚してはいけないからだ。これは一般的な習慣であり、今や驚くべきことではなかった。というのは、それまで長い間、梅が崎の部屋に番所衆や通詞たちが靴を履かずに入ってくるのを見慣れていたからだ。

奉行所では内にも外にも大勢の役人が集まっている。われわれは長く広い廊下を通って案内されたが、床はぴかぴかに磨き上げられ、部屋に通されると、そこは梅が崎と同様、綺麗な藁のマットが敷き詰められている。壁は極上に仕上げられた風景画で飾られているが、テーブルや椅子、ベンチといった家具類は一切ない。戸口や窓の周りに彫られた木の細工は見事に磨きあげられ、ニスが塗られている。隣接する廊下から光が差し込んでくる。ガラス窓は日本では見られない物であり、窓枠に薄い紙を張ったものがその代わりの役目を果している。案内された部屋の中央には、煙管、煙草入れ、火のついた炭火の皿、唾を吐くための瓶などからなる喫煙道具が備えられている。部屋の隅には、大きな陶器の痰壺が置かれている。タバコを吸い終えると、砂糖なしのお茶が運ばれてきた。お茶のコップは陶製で、堂々として重く、醜い形をしている。お茶は我が国の一般的な判断からすると、少しもよいものとは言えない。

半時間足らずして、使節は謁見の間(44)に招かれ、そこからはフリードリヒ少佐とコシェレフ中尉が随伴した。日本皇帝の代表者〔遠山金四郎景晋〕と奉行は、広間の中央近くに跪いて座り、背後にはかれらの頭上高く、刀を斜めに持った者が何人か就いた。このように、謁見の際には帯剣は許されないと念を押されていたわけだから、使節に対して偽りが伝えられたことのように思われる。使節と上官は「大臣」にヨーロッパ式の挨拶をし、それが終わった後、六歩ほど後ろにさがった。そして通詞がその両脇に座った。広間の周りすべてに、この国の最も位の高い重臣たちが居並ぶ。

奉行が使節に対して聞いた最初の質問は、何故、いかなる目的をもって日本に来たのか？　ロシア皇帝はなぜ日本皇帝に対して手紙を書いたのか？　それはラクスマン中尉に明確に伝えたはずだが、この国の慣習や法律に反することであり、また絶対的に日本の作法に相いれず、禁じられていることである、ラクスマン中尉はそれを知らすことを怠ったのか、あるいは彼はまだ生きているのか？　ここで奉行は、ラクスマンに与えた許可証〔信牌〕には、商業目的をもってロシアから長崎にくる商船に対して許可を与えてはいるが、使節については何事も言及していない、という所見を述べた。奉行は最後に、この許可証がなぜこれほど長い間使われてこなかったのか、そしてなぜ、かくも長きにわたってそれが無視され、今になって持ってくるということになったのか？　その理由を尋ねて締めくくった。謁見は一時ごろ中断し、来るときと同じ順序で梅が崎に戻った。

交渉のための第二回目の会談

夕方、通詞が何人か来訪し、使節が要望するのであるならば、翌日二回目の謁見をすることができると伝えにきた。その提案には同意した。しかし翌朝の七時半には激しい雨が降ったため、謁見は延期されるに違いないと思った。しかし九時ごろ天気は回復に向かい、オッペルバンジョーストの何人かが通詞を連れ、奉行所まで護衛をするためにやってきた。われわれはかれらと一緒に行くことにした。しかし使節は、昨日のように上官が歩きで行くことはできない、なぜなら激しい雨で通りがひどくぬかるんでいるだろうし、奉行所はまったく町の向こうはずれにあるから、当然だろうと考えた。これに対してオッペルバンジョーストは最初、いろいろと反論したが、とうとう奉行のところにこの問題を伝え、梅が崎から海上で大波止に向かう間に、上官のためのノリモンを用意するよう願いを出すため、何人か遣いをやった。大波止では、上官のための五台のノリモンが用意されるまで、御用船に乗ったまま二時間も待たされることになった。この間、雷を伴った激しいにわか雨が降った。しかし御用船が恰好の雨宿りになり、なんの不便も感じることはなかった。用意されたお茶とパイプで静かに過ごした。

御用船の船長は極めて丁寧で礼儀正しかった。かれは船客の名前をいちいち書き留め、栄誉を授かった自分の一族のために末永い記念となるよう、残しておくのだと言った。日本人がわれわれについて関心を持つ以上に、われわれもまわりのものすべてを少なからず観察できたが、なかでも、土地の者たちの後ろに隠れ、絵を描くのに専念している男に気がついた。彼に、何も遠慮することや恐れることはない、興味のある物はなんでも描いて、それを見せてくれ、と自信を持つよう鼓舞した。そのように言ってやると彼は、思い切って自分の作品を披露してくれたが、その画才の素晴らしさにまったく驚いてしまった。彼は短時間のうちに自分の周りの目立つ物すべてをスケッチした。例えば、使節が着けていた羽根付きの三角帽、星型勲章、その地位を示すリボン、さらに上官が制服に着けた様々な勲章、さらにはサーベル、剣、鞘、ボタン、スカーフ、侍従章、時計の鎖、印章など。かれがまったく新しい多くの物を、ほとんど一目で描くその敏捷さと器用さは、ほとんどのヨーロッパの画家の才能を超えるものである。絹紙といわれる中国製の紙に墨で描き、その描く線の何たる確かさ、筆づかいの軽やかさ、こうした物を描くのに十分な表現力を持つには、それが要求されるに違いない！　ここで足止めを食っていた時間は、おそらく彼にとってはとても貴重なひと時であったに違いない。

十二時ごろノリモンの準備がすべて整ったとの知らせがあった。行列は昨日とまったく同じ順序で、ただし上官たちが徒歩ではなくこの乗り物に乗ってすぐに出発した。その場所、家並み、通りもまたすべて同じようにタペストリーや敷物がつるされていた。

われわれが辛うじて奉行所に到着した直後に、使節は謁見に招かれ、そこからはフォッセ宮廷顧問官とフョードロフ大尉が付き添った。使節は間もなく戻ってきて、大きな紙の巻物〔幕府の決定文書「御教諭御書附」(45)〕を手にしていた。それはたいそうな儀式をしたうえで渡されたものだが、使節はそれを通詞に説明するよう求めた。通詞は巻物を自分の額の上に掲げ、実に恭しく頭を下げ、それから畏れるがごとく声を出し、次のように語った。

「これは日本皇帝よりロシア使節に対して特別な思し召しとなる例証である。本書には友好関係以外のことは何も書かれてはいない。しかし日本語で書かれているため、私どもはその内容の主要な箇条について口頭で説明するよう命じられている。したがってすべては忠実に翻訳され、そしてそれが完全な正確さをもって理解されるよう、書面に付託される。これはいささかも些細な仕事ではなく、また生易しい仕事ではない。なぜならば本書は深い思慮に満ちており、また非常に注意深くかつ深い学識をもって書かれているからである。」

通詞はさらに続け、その主要な条項について次のように説明した。

「昔は、あらゆる国の船も自由に日本に来ることが許され、同じように日本人も自由に外国を訪れる習慣があった。しかるに百五十年前、時の皇帝は後継者に厳しい命令を下し、日本人は決して異国に行ってはならない、そして中国人、オランダ人、琉球島の住民、朝鮮人にのみ日本に来ることを許す、とした。長年の間、朝鮮との取引は中断してきているが、中国およびオランダとは通商が続いている。それ以来、いくつかの外国が、いろいろな時に日本と友好関係や通商を確立しようとしてきた。しかしながら、長きにわたり確立された禁令の結果、また見知らぬ国と友好関係を結ぶことは危険を伴うものであり、またそれが対等の関係で確立されることはできない故、すべての異国船は追い返されてきた。」

ここで通詞は一息入れ、そして次のように続けた。「友好関係というものは鎖のようなもので、その特別な目的のために運命にあるものは、一定の数の環で連結されなければならないことだ。しかしもし一つの輪が特別に力が強く、他の輪が不均衡に力が弱ければ、後者は使ううちに間もなくして必然的に壊れてしまうのである。したがって友好関係の鎖は、鎖のなかの弱い一員にとっては不利益にならざるを得ないのである。」

通詞はさらに続ける。「十三年前、ラクスマン中尉率いるロシア船が日本に来た。そして今、二番目の船が、偉大なるロシア皇帝からの使節を載せて来るに至った。最初の時は寛容をもって受け入れ、そしてこの度も友情をもって歓迎することは許されることであろう、そして日本皇帝はこの国の法律を固く守りながら、力のおよぶ限りのことを行う所存である。したがって、二度目のロシア船の到着を、ロシア皇帝からの大いなる友好の証しとしてみなすことができるであろう。」

「強大なる君主はたくさんの高価な献上品をもって使節を遣わされた。日本皇帝はもしもこの献上品を受け取ることになれば、この国の慣習に従い、なおかつそれは法律とみなされるが、ロシア皇帝に対して同等の価値の贈り物を使節に対して贈らなければならないことになる。さりながら住民であれ、船であれ、日本を出ることは厳しく禁じられており、そのうえ日本は実に貧乏であり、同価値の贈り物で返礼することは不可能である。これはまったく力の及ぶところではなく、使節を、また献上品をも受け入れることはできない。」

「日本では不足しているものはなく、したがって外国の生産物を必要とする根拠はほとんどない。わずかながら本当に必要とするもの、そして慣習により請け負ったものはオランダ人や中国人から十分に供給されており、また贅沢品が持ち込まれることは願わない。そしてまた広い商取引を確立することは、必然的に庶民と異国の船乗りとのあいだに頻繁に交際が行われることにならざるをえず、それは厳しく禁じられていることであるゆえに、極めて困難である。」

使節はここで多くの反論を行い、自分が持ってきたものの見返りに日本からの贈り物を受け取ろうとするような考えをもってきたのではない、そして、もし日本皇帝がわれわれからの献上品を受け取ろうとしないのならば、これまで供給してもらっている食料や艦の修理の資材に対して支払いをすることを主張しなければならない、と付け加えた。これに対し日本人は、それらは献上品ではない、食料品は生活を支えるために必要なものであり、修理用の資材は必要があって援助するだけのものであり、ともに無償で与えるのが政府の義務なのである、と答えた。同時に通詞は、われわれの役に立つと思われる、また希望するあらゆる種類の食料を二か月分提供するよう、皇帝が特別の命令を下されたと言った。その上三十ポンド入りの塩を二千俵、百五十ポンド入りの米を百俵、さらに良質の日本の生糸二千束を、塩と米は乗組員に、生糸は上官のために与えるべく、命じたとのことだ。これに対し使節は拒絶し、もしも日本皇帝が使節からの献上品を受け取るのを拒むのであれば、使節も申し出の物資を受け取ることはできないだろう、と答えた。

こうしたやり取りが進むなか、煙管や砂糖なしのお茶、砂糖菓子などが運ばれてきた。砂糖菓子の軽い食べ物は、ひとりひとりにそれぞれ別の紙の上にのせられ、細工を凝らしたいろいろなお菓子で、縞の紐を施した実に美しい体裁であった。

通詞は皇帝の満足の意向を説明した後、小さな巻き物〔「長崎奉行申渡」〕を持ってきたが、奉行から使節あてのものだった。その主要な内容は、わが艦が直ちに港を後にし、極めて危険な座礁や頻繁な嵐を避けるために、海岸からできるだけ遠くの海を航行するよう、推奨するというものであった。さらに、今後日本人がロシアの海岸にうちあげられることがあった場合には、かれらはオランダ人に託すべきこと、オランダ人はかれらをバタヴィアに送り、そこから容易に帰国できるであろう、との要望がなされた。

かくして謁見は幕を下ろし、午後四時ごろノリモンに乗せられて大波止まで運ばれた。しかし今回は連れがなく、大波止から梅が崎まで海上を進んだ。この日は一日中まったくの曇りで、ときどき強いにわか雨があり、落胆した気持ちをますます憂鬱なものにするだけであった。謁見が夜遅くまで長引くかもしれないと思われたのか、通った道すべてにすでに照明の準備がなされていた。四歩か五歩ぐらいおきに、二フィートぐらいの高さの棒が地面に打ち込まれ、それに紙製のランタンが固定されていた。

別れを告げる第三回目の謁見

六日、通詞が来訪し、食料や生糸について、奉行の名においてもう一度使節と話がしたいと言ってきた。奉行は問題について自分自身の判断では何もすることができない、皇帝の命令に従わなくてはならないと念を押した。そしてもし使節が物を受け取るのを拒否することにこだわるならば、奉行は江戸に急使を送ることになり、それはまたわれわれの滞在をさらに二か月も引き延ばすことになりかねないだろう。したがって、使節は自由を得るためにも、生糸と食料を受け取らなければならない、と。通詞はここで使節に暇乞いの謁見を翌日にするか、あるいは数日間延期するか、どちらがよいかを尋ねてきた。使節は、できるだけ早く日本を離れるために、翌日を選んだ。

このようにして四月七日の昼近く、ふたたび長崎の通りを過ぎていったが、通りはこの前と同じように垂れ幕で飾られ、また警護兵に囲まれていた。雨が激しく降ったため、大波止に着いた時にはわれわれ一人ひとりに新しい傘が与えられた。そしてノリモンに乗せられて奉行所まで運ばれていった。

謁見では、お互いに挨拶を交わし、友好的な別れ(46)を告げることになった。それから隣接する部屋に案内されたが、そこには皇帝からの二千束の生糸が置かれていた。通詞は、もしも使節が上官にこの贈り物を受け取ることを許可しないならば、極めて忌々しい事態になるだろう、なぜなら皇帝の命令を通訳するのに不行き届きがあったとみなされ、重罪を科せられるだろう、と念を押した。これに対して使節が腰を低くする態度をとったのを見て、通詞たちは感謝の表情をいっぱいにした。

かくして日本へのわが特別なる使節団は終わることになった。今や、日本皇帝への献上品をできるだけ早く荷造りし直し、それらを艦に戻し、その他の出発の準備を大急ぎでやることしか残らなかった。準備を進める間、出島のオランダ人、そしてどこか長崎近郊のお寺を訪ねたいと許可を得ようと試みたが、両方ともうまくいかなかった。使節は緊急にそして繰り返しの懇願をし、面倒をかけたお礼として、七名の主要通詞に些細な贈り物をする許可をとうとう得た。そして両奉行には、思い出として小さなポケット地球儀、何枚かの地図、ロシア帝国を構成する様々な民族を描いたスケッチを受け取ってもらうことに同意を得た。

われわれは大急ぎで出帆の準備をするために、あらゆる努力を傾注し、十六日に出航できる準備がすべて完了したことを告げると、日本人たちはたいへん驚いていた。

(上)「ロシア使節と小通詞庄左衛門」 − 庄左衛門は他の人に見られないよう素早く鉛筆を受け取る。

(中)「通詞と一緒にいるレザーノフ使節」

(下)「ロシア使節と庄左衛門」
−友好の結び目を固く結ぶ。庄左衛門との友好はドゥーフとの親切な手紙の交換に基づいている。

(レーヴェンシュテルン画)

第六章

日本からの出発、蝦夷地・サハリン島の探検

日本からカムチャツカへの航海　―　津軽の岬と海峡　―　松前または蝦夷の西岸・北西岸の様相　―　アニワ湾の滞在　―　サハリン〔またはチョカ〕の南西岸の様相　―　サハリンからの出発・ペトロパヴロフスク湾到着

ロシアから持ってきた献上品は再び艦に戻され、飲料水用の貯蔵樽を満杯にし、日本皇帝から与えられた米、塩、ビスケットの食料品さらに、使節に与えられた日本側の文書、そのオランダ語訳、これらを無事積み込み、あとは梅が崎の飽き飽きした監獄に別れを告げるだけであった。そして四月十七日、艦に乗ったが、通詞、地役人の数名が姿を現し、われわれとの別れを本当に惜しみ、両国の通商関係を確立することの望みが絶たれたことを心から嘆いている様子であった。

出航は、何らの華やかさも、また儀式もなかった。筑前侯は数日前、長崎港の警備の新しい任期に入り、レザーノフ使節は藩の番船によってわが艦に運ばれた。艦に着くや否や、錨が揚げられ、百艘もの小舟によってパッペンベルク島の西側まで曳航されていった。警護にあたる番所衆や通詞がついてきた。そして来た時に取り上げられていた弾薬と武器は忠実に返還されたが、武器はだいぶ錆びついていた。皇帝の番所は今回ほとんど飾りつけや、幟もなかった。さらにまた、到着した時にはマスケット銃や旗を掲げた兵がいたが、出発するときにはわれわれに敬意を示すような兵は集められてはいなかった。筑前侯の御用船でさえ、肥前侯の豪華船とは比較にならないほど貧弱な船であった。

十八日の早朝、長崎湾を離れた。迅速に出発したことで、おそらく日本人たちはロシア人の航海術の優秀さに感心したに違いない。というのは、前日通詞から聞いた話では、われわれがオランダ人と同様に出航していくまでに少なくとも一週間は湾のなかでぐずぐずするだろうと思っていたからだ。だから通詞は、頼みもしないのに、奉行の命令で仮に数週間であろうとも出航するまで毎日新鮮な食料品を届けることを約束してくれたのだ。十七日の夕方遅く帆が揚げられ、そして翌朝早く、これまで離れようとはしなかった番船たちが何事も知らないうちに、艦は出航していった。気がついた時には多くの番船が必死についてこようとしたが、南南東の強い風が艦をかなり早く運んだので、かれらはすぐに遠く離れ、引き返すしかなかった。

クルーゼンシュテルン艦長はしばらく前から、カムチャツカへの帰りは日本の西海岸沿いに、朝鮮の海を通過して津軽海峡に至る航路をとることに決めていた。それは松前、または蝦夷の西岸および北西岸、さらに樺太の東海岸を調査するためであった。このコースをとることによって、不運にして永久に悔やまれることになったラ・ペルーズ(47)の発見をさらに遂行することができるのだ。したがってこれから私が述べようとする航海記録は、じゅうぶん注目に値するものだろう。なぜならかつてヨーロッパ人は朝鮮の海を航海したことはほとんどなかったからだ。そしてわが秀逸なる艦長は、上述した地域を科

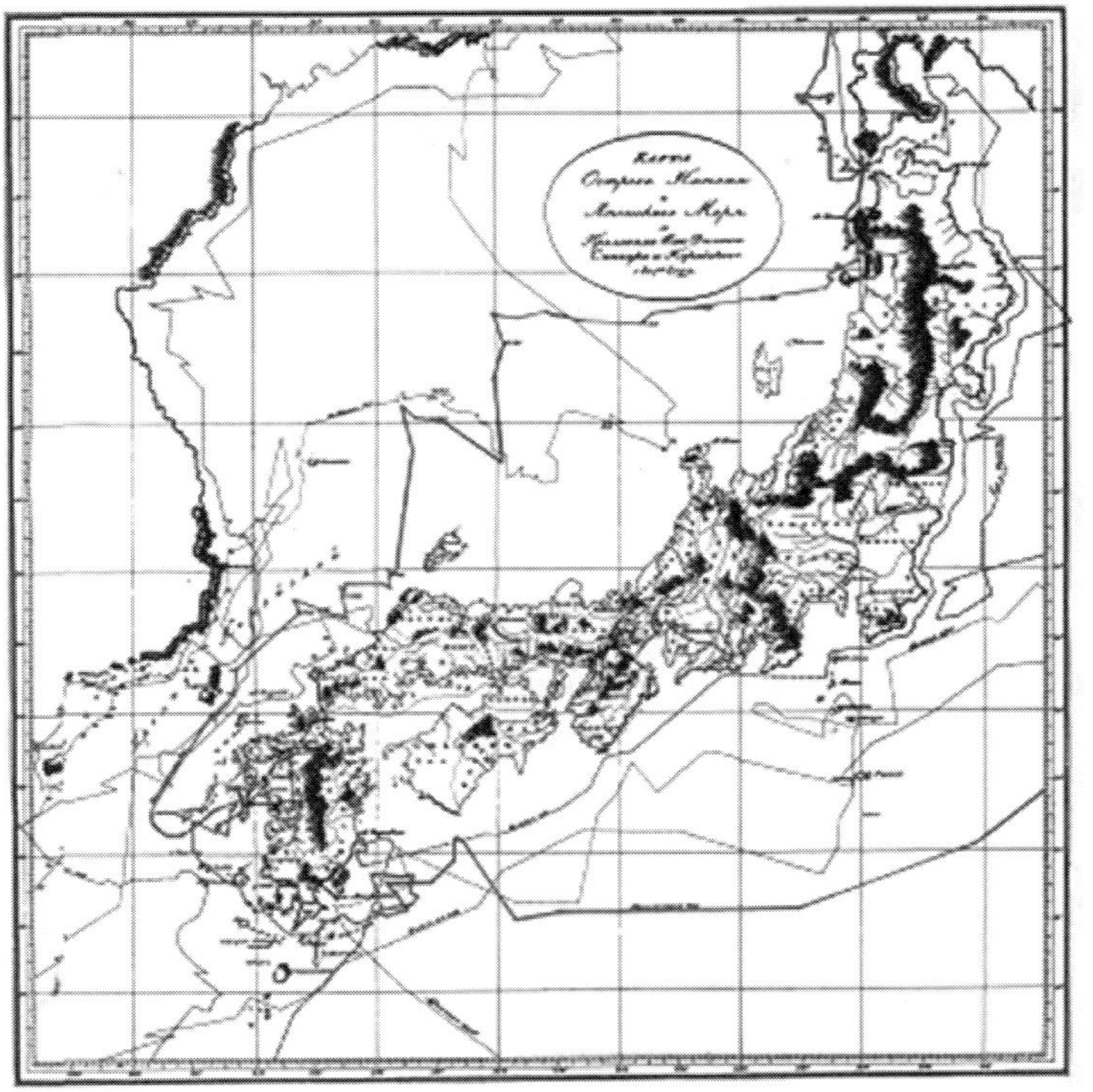

日本の地図、日本海、大隅海峡、津軽海峡、朝鮮
〔ナジェージダ号の四国、九州、日本海の周航路は濃い実線で示した〕

学調査の主要な対象とすることを考えた最初の人である。

したがって地理学者および地球に関する正確な知識を得ようとする人は、かれに対して大いに感謝すべきである。そしてこの航海に参加したわれわれも、かれの努力によって世界の未知の領域を知ることができたことを思うと、永久に感謝しなければならない。クルーゼンシュテルン艦長のこの航海に関する著作の第二部は、ちょうど私がこの書を書いている時には既に出版されていたが、それでもなお、私がここで地理学的叙述を広めること、またはかれが見事に決定づけた航海学および天文学上の諸問題に私自身の所見を織り交ぜたにしても、批難されるものではないと信じる。そして読者諸氏には私の叙述を解明されるよう、かれの地図を参照されたい。

十八日の夕方、強い南東の風が起こり、夜中には曇りと雨の天気のなか、Asses-ears〔驢馬の両耳〕と呼ばれる小島と五島岬の間の海峡、二十二マイル以上を通過した。十九日は強風と高波で北北東の方角に快速で進み、夕方には早くも対馬の近くまで達した。

（原注 - この島を、日本人はツシマ、中国人は Tui-ma-tao、すなわち馬が向き合って立つ島、という名前で呼ぶ。この島の西側はかなり深い湾になっており、それは Kukuissaki と Ossaki〔小松崎と郷崎〕の二つの岬に始まり、島に奥深く入り込む。この湾は島の東側と運河でつながっており、「船の運河」とよばれ、それによってこの島は二つに分けられる。この島の北側にある Kokuyannoura〔西泊湾〕の港に行くために日本人が通常とる水路は、肥前の唐津を出帆し、十三マイル〔日本里〕先の壱岐の島まで行き、そこから上記の対馬の港まで四十八マイルである。そこから釜山川の河口、朝鮮のTooscha（クルーゼンシュテルン艦長の地図ではTshosan）の港までは、さらに四十八マイル先である。対馬の中心地は南東地点にあり、ヤタJataと呼ばれ、すぐ近くにはゆったりと広くて便利なOouraの港がある。それらはともにかなり高い山の麓にある。対馬の最南端の岬はOossakiと呼ばれ、最北端の岬はToyos-sakiと呼ばれ、後者はKaitoおよびOonoshetoの島の間に位置する。―クラプロートより。）

二十日の夜明け、この島が北の方角に見え、その最北端を北緯三十四度四十分三十秒、西経二百三十度三十分三十秒と確定した。

逆風、霧、雨で日本の反対側の海岸をみることができなかったが、夕方近くになって見えてきた。しかし二十二日から二十三日にかけて次の位置で海岸をちらりととらえることができた。北緯三十五度十五分、三十五度四十五分、三十六度一分、三十六度十四分、西経二百二十七度四十分、二百十七度十分〔山陰沖〕。四月三十日、津軽海峡を探すためにふたたび日本の西海岸に近づいた。そして翌日、北緯三十九度五十分、西経二百二十度十六分に非常に高い岬を発見した。クルーゼンシュテルン艦長はこれを「ロシア人の岬」〔男鹿半島入道崎〕と名付けた。

（原注　日本人はこの大きな半島を「男鹿半島」つまりオジカの島と呼ぶ。そこにある山はJoo-moto〔本山〕

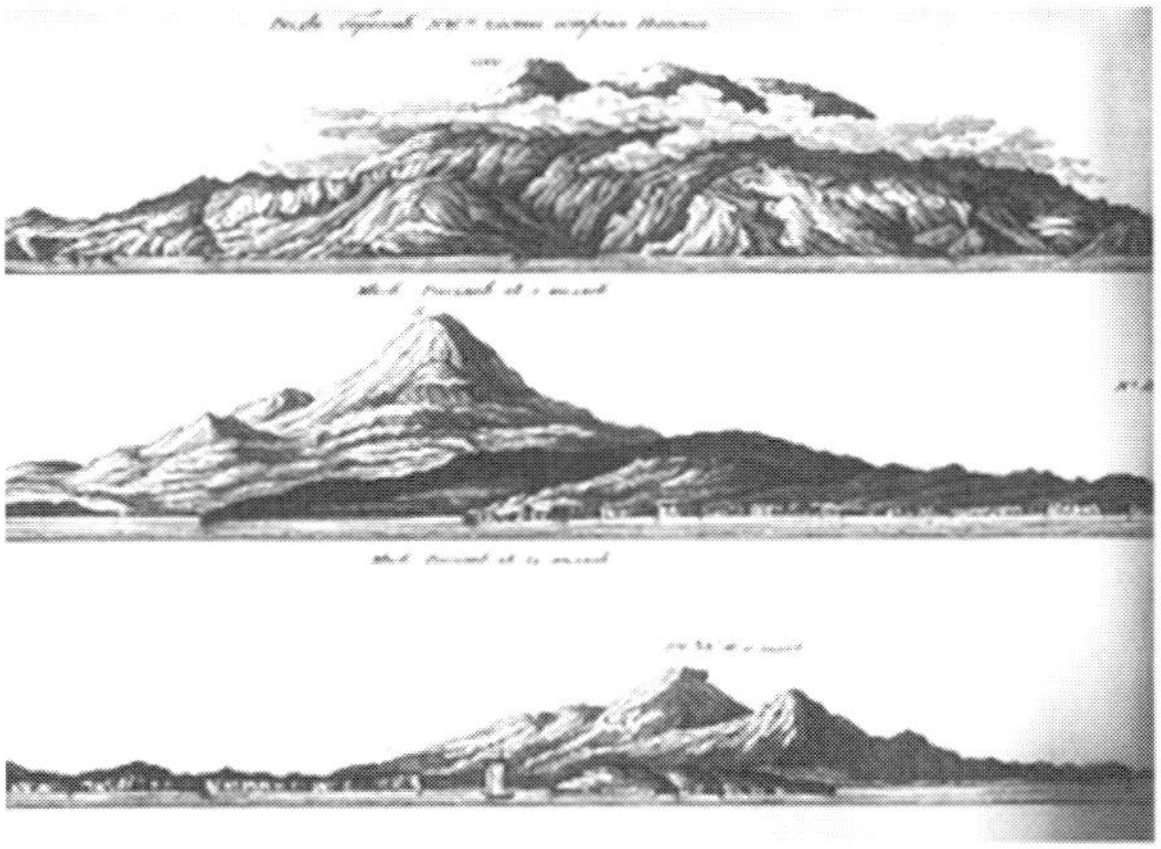

日本の北西部の西海岸の風景〔岩木山など〕

といい、そして南西の岬はNankabaまたはKomo〔潮瀬崎、鵜ノ崎〕という名前である。五月二日、艦は米代川が流れ出る平野と森、日本の地図では能代と呼ばれるところの向かい側の位置にいた。この地点から見える雪をかぶった山々は、出羽と奥州を分ける山で、特別な名前はない。五月三日に通過した奥州の西側には、NangasakiとTorus-saki〔艫作崎および大戸瀬崎か〕という二つのはっきりとした岬があり、後者はその最北である。その向こうには、岩木山と呼ばれる高い山がある。そしてその山の東にはJumenaiの大きな町〔弘前〕があり、日本のほぼ北西地点で海に流れ出す川の上にある。―クラプロートによる。〕

五月二日、天気は快晴で、艦は陸にかなり接近し、北緯四十度五十分、西経二百十九度五十四分にはっきりと町〔能代〕を見ることができた。さらに何隻かの小船が停泊しているのが見えた。ここには大きな湾が入り、周辺は平坦な砂浜で、二つの高い山で結ばれており、はっきりとした陸標となっている。町はそれなりに大きく、まわりの土地は、耕された土地の色から判断すると、牧草地と森林で、ともに肥沃で美しい。もしここに港があるとすれば、おそらく川の河口があるはずで、船舶には実に便利と思われる。なぜなら日本の船はさほど水深を必要としないからである。海岸から三マイルのところで水深は二十五ファゾム〔45m〕以下であった。美しい風景の背後には、頂上が雪をかぶった高い山々がそびえていた。たくさんの鯨が見られ、そしてとくに陸に近いところでは毎日いろいろな種類の海藻を集めることができた。

夕方近く、それぞれ十五人から二十人の男を乗せた四隻の小船がやってきた。われわれは極めて友好的な態度で、しかも日本語でかれらを艦に乗るよう招いたが、敢えて乗ろうとはしなかった。船の構造や、オールの形、そして漕ぎ方は長崎で見たものとはまったく違っており、かれらは日本人ではないのではないかと思われた。

津軽の岬と海峡

翌朝、順風にのり毎時八ノットの速さで海岸沿いを走った。いくつかの入り江や湾が見え、そしてついに北の方角に海に長く突き出した高い地点を認めた。北緯四十度五十七分四十秒、西経二百二十度十一分三十秒である。これにガマリー岬〔艫作崎か大戸瀬崎〕と名付けた。この岬の近く、北緯四十度四十分四十秒、西経二百十九度四十九分に雪を被ったかなり高い山があり、それをティレジウス峰〔岩木山〕と名付けた。午後、とうとう待ちに待った津軽岬〔龍飛崎〕が見えてきた。この岬は、まっすぐ北の方角にある蝦夷の最南端の岬とともに津軽海峡の入り口となっている。後者の岬に対しては、われわれの艦の名前をとってナジェージダ岬〔白神崎〕という名前を付けた。津軽岬は北緯四十一度十六分三十秒、西経二百十九度四十六分、ナジェージダ岬は北緯四十一度二十五分十秒、西経二百十九度五十九分三十秒に位置する。岬間の距離は十八マイルである。

夕方遅く、蝦夷島の南西岸に近づいた。そして非常に広い、安全でない湾のなかにかなり大きな町、松前が見えた。〔原注　松前は蝦夷島の中心の町の名前である。それは「マツの木の町」を意味する。島自体は松前と呼ばれることはなく、日本人は蝦夷、そして中国語では Chia-y と呼ばれ、それはカニを意味する。Chia とは小さい海蟹の一種で、ドイツ語で Garunselen スペイン語で Camarones 英語で Shrimps である。松前の港は日本人の船でさえ不便で危険でもある。小さな島「弁天島」が近くにあり、日本人はこれを聖なる地とみなしており、その理由からそこに寺を建てている。町の南西には白神岬があり、この島の最南端の岬である。その東側には、小さい船にとって便利な二つの港がある。さらに東には箱館の港があり、その近くにはいくつかの農地がある。そしてさらに内部に入ったところにはクリール人の通訳が住んでいる。蝦夷島の南西岸全体に沿って、かなり多くの Fuci が住んでおり、日本人は特別にこれを Kombie と呼び、食糧にする。―クラプロートより。)

望遠鏡で覗くと家や寺がはっきりと区別できた。北緯四十一度三十二分、西経二百十九度五十六分。この町のいくらか南西寄りに二つの島があり、最西端で大きいほうは大島〔渡島大島〕と呼ばれ、もう一つは小島〔松前小島〕、小さい島という名前である。前者は北緯四十一度三十一分三十秒、西経二百二十度四十分四十五秒、後者は北緯四十一度二十一分三十秒、西経二百二十度十四分である。これらは津軽海峡の入り口を間違いなくしめす、はっきりとした目印である。

蝦夷島のこの辺りはかなり高く、ほとんどの山は雪に覆われている。火山性の山であることがわかり、木が生えておらず、不毛で、不規則な火山裂片だらけである。この土地の内部は、ところによって冷たく強い風が遮られ、気持ちの良い、肥沃な谷間があるに違いない。しかし松前の町の周辺はまったくの不毛な砂地である。捕鯨が蝦夷全体を支える漁業であるだけでなく、日本を支えているということを長崎で教えてもらわなかったら、どの程度の人口を支えられるのか想像するのは難しいようであった。湾のなかには多くの小さな帆船が浮かんでいるのが見え、また町の前にはさらに多くの船が停泊しており、いったい港がどこになるのか見分けがつかなかった。

四日の早朝、われわれはまだ津軽海峡を見る位置にいたが、前夜のうちに強い潮の流れによって海峡からかなり遠くまで流されていた。二つの島の西端の島、周囲がおよそ六マイルの大島に向けて進路をとり、そして小島との間の海峡およそ二〇マイル以上を、北の方角に舵をとった。二つの島はともに険しく、荒々しく、人は住んでおらず、火山からできたものと思われる。昼近く、三番目の島、奥尻島が見えたが、その島はより平坦である。この島は蝦夷の西側、そして大島の北、北緯四十二度九分、西経二百二十度三十分に位置する。前の二つの島よりもかなり大きく、長さ十一マイル、幅五マイルあり、海上にその南西端をおだやかにもたげている。すっかり森林におおわれて気持ちの良い、肥沃な様相を呈しているが、にもかかわらず、人は住んでいないようだ。海岸沿いには船も、家も、また煙も見えなかった。

松前または蝦夷の西岸・北西岸の様相

五月五日の早朝この島の周囲を航行した後、松前の島に近づいたが、前景の山の背後に濃い煙が上がっているのを発見した。さらに遠くには雪に覆われた一連の山並みが見えた。近くに高い岬があり、北緯四十二度三十八分、西経二百十九度五十九分、それをクツーゾフ岬〔ロシア軍副提督の名に因む。茂津多崎と推定される〕と呼んだ。〔原注　この岬は日本では「帆越岬」と呼ばれている。その南側にはこの島の西側において最後の日本人が住んでいる場所がある。それより北側は原住民アイヌの農地が始まる。さらに北には岬があり、クルーゼンシュテルン艦長はノヴォシルゾフ岬と名付けたが、ここではカムイサキ〔神威崎〕と呼ばれている。〕今日は、ほとんど死んだような静けさと、快晴の天気で、われわれはここで同じ季節のヨーロッパと、自然の様相を比較してみる機会を得た。ヨーロッパでは花盛りで、いろいろな優れた果物が見られるが、ここではまだ低い山も野原も雪に覆われている。

六日、別のかなり高い岬が見えてきたが、これにはノヴォシルゾフ岬〔ロシア科学アカデミー総裁の名に因む〕という名前を付けた。その背後には非常に深い湾があり、それは通り抜ける海峡をもっているかのように思われた。〔原注　日本の地図によると、ここには通り抜ける海峡はないが、その一番奥には大きな川〔石狩川〕があり、それは周囲が四マイル〔日本里〕ある石狩と呼ばれる湖から流れてくる。この湖はいくつかの小さい川が結合されてできたものである。低い山の稜線によって隔てられた別の二つの湖があり、これらの湖は蝦夷島の東側の海につながっている。この湾の南には尻別山という高い山があり、その麓からは小さい川が流れだし、帆越岬の北の海に流れ込んでいる。また北西には夕張という別の山があり、蝦夷島の東側に位置する。—クラプロートより。〕その可能性があるのではないかと、大いに期待しながら、調査を始めた。南岸の上には、大量の煙を出している火山が見え、さらにいくつかなだらかな頂上をもつ山が見えた。不思議なことに煙はあまり高くない山から立ち上っているのに、すぐ近くの高い峰は火山の兆候をまったく示していない。これらの山々のうち一番高い山に、ルモフスキー峰〔ロシア科学アカデミーの天文学者の名に因む。羊蹄山〕と名付けた。　北緯四十二度五十分十五秒、西経二百十八度四十八分三十秒に位置する。それ以上湾の奥には進めなかったが、南よりの逆風により一日中その周辺を航行しなければならなかった。

七日の朝、南西から順風が吹き出し、湾のなかにさらに入り込むことができた。しかし、通り抜ける海峡にはなっていないことがはっきりし、その期待はあきらめることになった。南東の方角に陸がますます近づいてきたが、海水の水位は測定するごとに低くなり、塩分も明らかに低下した。これでは戻るしかなく、期待は裏切られることになった。この湾の境界線となっている北の岬に向かって舵をとり、この岬にはマレスピナ岬〔スペインの航海士の名に因む。高島岬〕と名付けた。この岬は北緯四十五度四十二分十五秒、西経二百十八度四十一分三十秒に位置する。

八日の午後、北東方向に、蝦夷島からおよそ十マイル離れたところに小さな二つの島、Teurire と Janikeseri〔天売島・焼尻島〕が見えた。〔原注　西端の島は、日本語で Teu-mus-siri と呼ばれ、もう一つは Ankes-siri と呼ばれる。日本の地図によると、それらは互いに十マイル（里）離れている。いくつかの日本の地図によると、最初の島を Feure と呼び、おそらくこれが日本名である。これらの島から東方向、蝦夷島には Yullbetsu と呼ばれる高い山がある。―クラプロートより。〕一つは北緯四十四度二十八分二十七分四十五秒、西経二百十八度四十三分十五秒、もう一つは北緯四十四度二十五秒、西経二百十八度三十七分四十五秒に位置する。艦はさらに蝦夷島の海岸沿いに距離をとりながら航行し続け、五月十日、その北西地点に達した。ここで高い山が見え、後に分かったことだが、それはド・ラングル峰〔ラ・ペルーズが命名。利尻山〕で、ラ・ペルーズが松前の北西岸上にあると言っていた山だ。〔原注　Peak de Langle は蝦夷の原住民からは Rus-siri〔利尻〕と呼ばれ、Teumus-siri〔天売島〕から二十マイル（里）の距離にある。その向かい側、蝦夷島の西側には高い山 Akanuno がある。北には Nebunos-siri または Rifunos-siri〔礼文島〕という島がある。そしてその北西には Issigorotan または Isschorotan と呼ばれるもう一つの島がある。それらに続いてチョカ〔サハリン〕島の北西地点となる。この場所は蝦夷の住民からは Ssari と呼ばれ、南東地点は Karafuto と呼ばれている。後者はかれらによると別の島とみなされている。――クラプロートより。）この頂上の丸い山は、雪をかぶり、遠くからもはっきりと見え、今やわれわれのまっすぐ前にある。この山はラ・ペルーズが信じたように、松前島にあるのではなく、それ自体が離れ島〔利尻島〕となっている。

風は極めて順調で、十一日の昼前には最北西端の地点、原住民が宗谷と呼ぶ地点に達した。クルーゼンシュテルン艦長はこれにロマンツォフ岬〔野寒布岬〕と名付けた。北緯四十五度二十五分五十秒、西経二百十八度二十五分三十秒である。そこに人が住んでいることに気がついてすぐに、陸から一艘の小さな舟が近づいてきた。それには四人が乗っており、頭は荒く長く伸びた髪、長いあごひげ、そして汚い白の衣を着ている。かれらは艦に向かってまっすぐに漕いできたが、招きにもかかわらず艦に乗ろうとはせず、しばらくわれわれを眺めまわしてから再び岸に戻っていった。十時近く、ロマンツォフ岬の背後に大きく広がった湾を発見し、ここで水深十ファゾム〔18m〕、岸から約二マイルのところに錨を下ろした。わずかな時間の間に、濃い霧で山も近隣の陸地も視界から閉ざされてしまった。まもなくして最初の時の船と同じような船が数艘やってきた。かれらは両手の掌を擦りながら挨拶し、それから天に向かって数回ゆっくりと手を上げた。そうした後にあごひげを顎から胸に向けてなでおろし、日本人とまったく同じ作法で跪き、同じ仕草で挨拶を繰り返した。かれらの顔つきの表情は友好的で優しい。それなりに大きな目、やや高い頬骨、いくぶん広く平らな鼻、そしてなにより頬から顎にかけてすっかりと長く真っ黒なあごひげを生やしている。かれらは独自の言葉を持っているが、日本語は数語だけしか理解できない。われわれが把握するかぎりでは、かれらは日本人であることを否認しており、また日本に従属してもいないようだ。自分たちをアイノまたはアイヌと呼んでいる。

（原注　Aïno または Aïnu とはクリール民族に属するすべての原住民の言葉で、「人」を意味し、かれら自らが与えた名前である。カムチャツカのクリール人は自らを Aïnu と呼ぶ。クリール諸島の原住民は Aïnuh と自称する。そして蝦夷およびチョカ〔サハリン〕では Aïno と呼び、アムール川近辺では Aïnuh と呼ぶ。言語学者としての私の調査によれば、クリール民族はカムチャツカの最南端から日本にかけて、この全域の島、そして誤って呼ばれるアムール川下流の中国タタールからウスリー川が海に出るところまでの全海岸に分布する。ロシア地図のギリヤーク、中国地図の Yuibi および Gedsheum はこれらの種族に属する。そのためこの地方は不正確にツングースと呼ばれる。大陸に住むクリール人は自らをそしてその言語をフィアタ Fiatta と呼ぶ。──クラプロートより。）

かれらに松前はどの方角かを尋ねると、南を指さした。このことからわれわれは松前という名前をこの島全体に与えているのではなく、松前の町だけを呼んでいると結論づけた。かれらは与えたブランデーを遠慮することなく飲み、しかめ面をすることもなく両手の掌に落ちた最後の一滴まで舐めた。そして両手を天に向かって上げ、再び長いあごひげをなでおろした。ナイフ、釘、眼鏡など、たいしたことのない物を与えると、船に戻り、彼らの岸に居るところにくるよう手招きした。そこで艦から一隊を載せたボートを一艘送り出した。しかしわれわれは陸の部隊としては「素人」ばかりだけでなく、誰もが行けるわけではなかったため、私はしばし行きたい気持ちを抑え、艦に残らざるを得なかった。かれらの船が湾の東岸に上陸するや否や、かなり大きい別の船が西側から近づいてきたが、どうやら日本人の船のようであった。事実、それには四人の日本人が乗っており、外見から判断すると最下層の民であり、おそらく漁民である。

かれらは態度が極めて自由奔放で愛想がよく、われわれがどこから来たのかを聞き、周辺の島や地方の名前を教えてくれた。ほどなくしてより身なりの良い日本人が別の船でやってきた。かれもまたざっくばらんで、われわれが長崎で経験してきたことを話すと、たいへん驚いていた。かれは自分が商人であり、いくつか日本の物を売るか、または交換したいことを分からせようとした。そのなかには漆塗りの茶碗、剃刀、煙管、木版画の本などがあった。そういった本は外国人に売ったりすれば死刑になるとして禁じられているが、ヨーロッパでは「中国の聖典」という名前でかなり知られているもので

蝦夷島のロマンツォフ湾（宗谷湾）の風景（ティレジウス画）

ある。

翌朝わたしは別の組と一緒に陸に上がった。波が平坦な砂浜に激しく打ち寄せ、そのためにボートが乗り上げることができなかった。そしてすぐ近くに住んでいる一人のアイヌが小舟でやってきて、それに乗り移り、無事に上陸した。かれはわれわれを先導して、みすぼらしい小屋に連れて行った。小屋は主柱に木の板を使い、壁と屋根は藁をかぶせたものであった。家の背後、そして入り口の前にはある種の花輪で飾ったたくさんの柱や木があり、おそらく宗教的な意図をもつものだろう。小屋の内部は一つの部屋しかなく、その中央に囲炉裏があり、その周りに老婆、若い娘、そして数人の男の家族全員が座っている。囲炉裏には鉄製の鍋がかけられ、かれらはそのなかで魚を料理するのである。

私はこの集まりからすぐに離れ、海岸沿いに歩いてみた。ここでは様々な種類の海藻、例えばFucus saccharinus〔メコンブ〕、Fucus perforatus、Fucus graminoides、そしてFucus siliquosusなど、私のまったく知らない沢山の海藻を見つけた。様々な種類の貝のなかで、Nautilus papyraceusの種類の貝も発見した。さらにいくつか大きな木の実、イタリアの木の実Nux juglansに非常によく似たものを見つけた。しかしそれらがどこで育ち、どのようにしてここに来たのか、またこれらの実をどう正しく呼べるのか、私には解明できなかった。海岸にある主要な石は固い陶土で、たくさんのPholassesが貫かれていた。植物は成長がずいぶん遅れている。Caltha palustris〔リュウキンカ〕、数種類のアンゼリカ、Fumaria、Equisetum、それにAllium〔アリウム、ネギ属〕が見つかった。沼地があり、そこには弱そうで背も低い葦が生え、海岸沿いから近くの山のふもとまで伸びていた。この山は急峻だが、あまり高くはない。残雪があちらこちら、まだらに残っていた。私の観察したところによるとモミの木と白樺が主な種類だ。海岸は多くのところに清流が横切っており、その土手の上に住居がある。

いたるところでかなり多くの犬を見たが、カムチャツカの犬と同じ系統で、かなり小さいように思われた。後で知ったことだが、これらの犬はカムチャツカでもここでも、犬ぞり用に利用され、冬には挽き具につながれる。熊もいたが、ほとんどの家で家畜として育てられている。熊は子供の時に捕獲され、大事に育てられ、そして適当な年齢に達すると殺され、風味の良いものとして食べられる。かれらが身に着けている毛皮のなかで、小さな銀白色の動物の皮を見たが、わたしにはまったく知らない物だった。住民は熊や犬の皮と同様、これらを冬用の衣料に用いている。わたしが艦から離れている間に、いくつかラッコの毛皮が売り物として運ばれてきた。したがってクリール諸島と同様、ここでもこの動物は普通にいることが想像された。

住居はそれぞれがあまり遠く離れずに建てられている。わたしは一ドイツ・マイル以下の広さのなかに七軒の住居を数えたが、それぞれに十五人ないし二十人の大人が住んでいるように思われた。家に近づくとほとんどの女は逃げて行ってしまった。ほんの数人だけ、自分の夫の後ろに隠れ、口をぽかんとあけて私を見ようとしていた。男は背が低く、せいぜい五フィート半以下だが、力強い骨格で、筋肉質だ。女はさらに小さく、頭からは荒く、弱弱しく長く伸びた黒髪が下がり、そして青みがかった唇をしている。それが自然の色なのか、入れ墨をしているものなのか、あるいはなにかの色を付けたものなのか、私には分からなかった。わが隊の何人かはそれについて、腕に入れ墨をしている女たちを見たと主張していた。

最西端の地点にある宗谷には、役人の下に何人かの日本人が定着している。かれらは日本政府の命令を受けて、海岸を見張っている。そして脇に両刀をさした役人が自分の役目として艦に乗り込んできて、どこから来たのか、何の目的をもって来たのかを尋ねてきた。最初かれはわれわれがロシア人であることが信じられなかったようだ。なぜならわれわれは髪粉をつけない短い髪をしていたからだ。彼が知るところによると、ラクスマン中尉とともに来たロシア人たちは髪に髪粉をつけて装っていたからだという。

かれは、天気が回復したらできるだけ早く、艦を進めるよう、懇願するというよりむしろ命令した。というのは、もしそうしなければ、政府に対してロシア船が到着したことを知らせなければならず、そうなれば大いに困ったことになるだろうからだ、と言った。われわれから最小限の贈り物を受け取ろうともせず、また長崎からもってきた「酒」と呼ばれる米で作った日本のワインを、そのグラス一杯も飲もうとはしなかった。かれは分別のある、判断するところ、知識のある男に思われた。かれは多くの地理的知識を披露し、クルーゼンシュテルン艦長に近隣の島の名前や位置についていくつか有用な情報を与えてくれた。カムチャツカの名前と位置を知っており、そしてオホーツクやアメリカのことについても語った。

かれはチョカまたはサハリンをタタールの島と呼ぶ。（原注　この島をサハリンと呼ぶのはかなり不正確である。なぜならば住民たちはそれをチョカと呼ぶからである。満州人はその名前を知らず、Saghalin-ann' gachoda すなわち黒い河口をもつ島と呼んでいるようだ。なぜならばこの島は、彼らが Saghalin-ula または黒竜江と呼ぶアムール川の河口の向かい側に位置するからだ。サハリンは黒を意味し、島の名前ではない。住民が誤ってこのような間違いを広めたのだ。この島は満州中国の支配下にはなく、かつて Kin-henns の下で出された中国政府の大きな地理学書のなかに Faif-zinn-y-tunn-dschi と呼ばれ、この島は完全に除外されていると推定される。— クラプロートより。）それは蝦夷島の北から狭い海峡で隔てられた一つの島であり、樺太はその南部だけに人が住んでおり、なかには日本人もいると念押しした。彼は日本人が住んでいる蝦夷島は南部だけであり、正しくは松前（Matmai または Matzmai）と呼んでいることを教えてくれた。おそらく彼はそれを松前の町の名前にだけ限定しようとしたのだ。彼が言うには、この島の正しい名前は蝦夷であり、住民はアイヌと呼ばれている。おそらく昔は蝦夷という名前がこの島全体に対して与えられたことがほぼ確実だろう。しかし日本人がアイヌを島の北の地域に追い出し、南部地域を完全に自分たちの所有にしたため、北部だけがもともとの呼称を保っているのだ。

遠足をしている間に、私は一昨日われわれを訪問したという、日本人商人を自称している男の住居に辿りついた。家の周りには数万匹のニシンが乾燥するためにつるされている。彼が言うところによると、毎年ここに漆塗りの茶碗や食器、煙草、煙管、米、台所用品、粗い木綿布その他アイヌが欲しい物を運んできて、それに対して大量の乾燥ニシンや毛皮で支払われるそうだ。彼はまた、ほとんどの近隣の島、遠い島にも行ったことがあり、クリール諸島のウルップ〔得撫〕、イトルップ〔択捉〕にも行ったことがあると言った。私が観察したこうした事情からすると、日本人はアイヌのことを大切にしていないようだ。なぜならアイヌたちは非常にみすぼらしい身なりで、台所用の必需品でさえ、ほとんど持っていないからだ。包丁が何本か、鍋、煙草と煙管、漁獲網、少量の米、そしていくらか荒い木綿布、これらが所有するすべてであるように見えるからである。

アイヌは野生動物を毒矢で射止める。狩猟に使う毒は、なにか植物の濃い液汁で、おそらくこの周辺に繁茂しているトリカブトの種類だろう。それは性質上知らぬ間に作用し、動物が傷を負うと、数分のうちに口、鼻、耳から血が噴き出してくる。このような方法でかれらは熊、オオカミ、狐、ラッコなどを殺す。

日本人は蝦夷の北部、チョカ〔サハリン〕の南部、樺太、そしてクリール諸島南部を訪れ、アイヌと特別に緊密な結びつきを保持しているが、アイヌは他の民族と同様、どの日本人の領地にも行こうとはしないようだ。かれらは自分たちの国の主要な町、松前との交際からも一切排除されている。ここの気候は、同じ緯度にある他の多くの地方よりもずっ

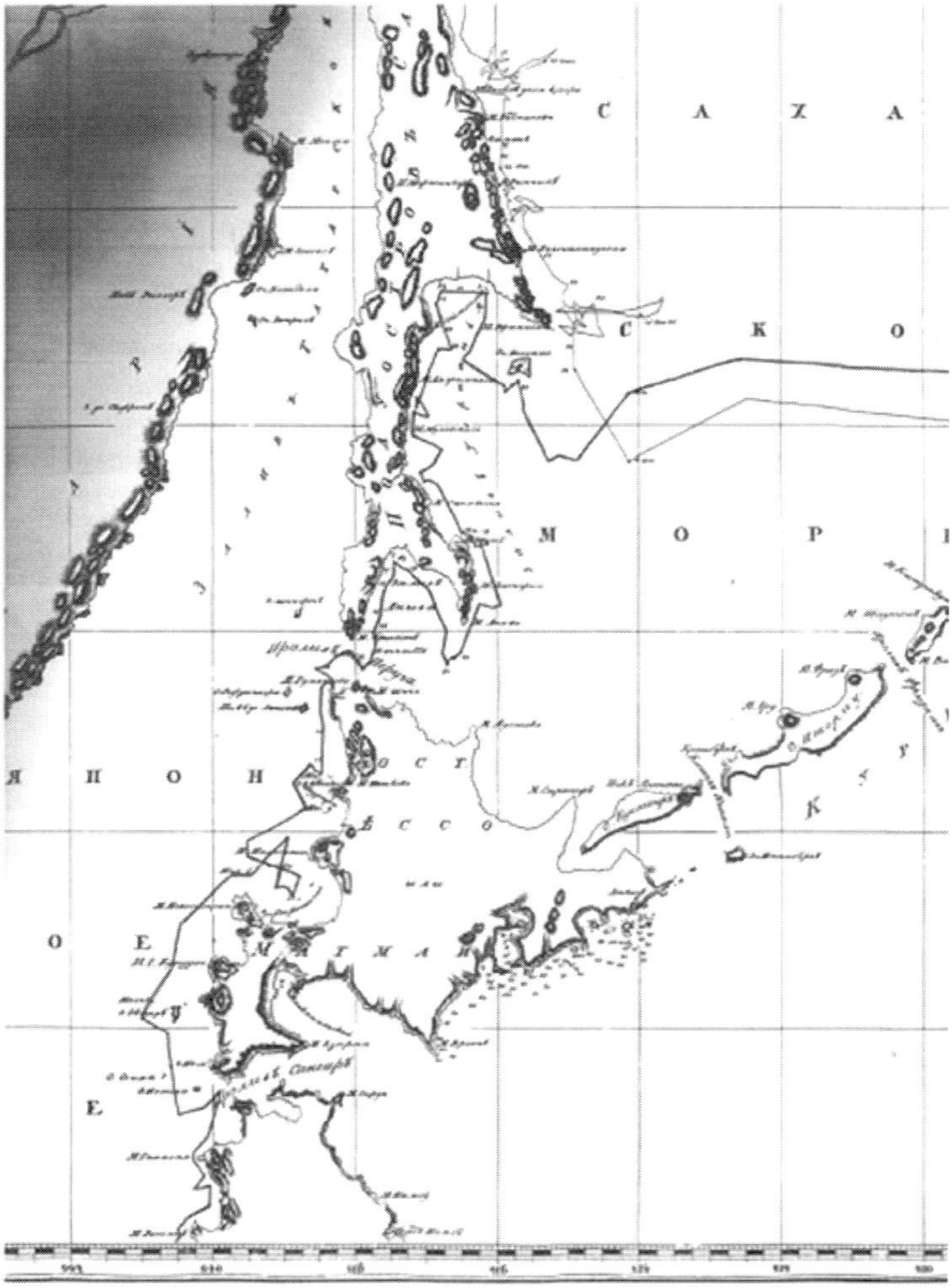

クルーゼンシュテルン艦長指揮下ナジェージダ号の航海で
発見された地域とそれを描写した地図（部分）
〔太線は蝦夷・樺太調査・カムチャツカへの帰路を示す〕

と寒い。季節が進んだこの時期にあっても植物はようやく芽を出し始めたところであり、モミの木もほとんど花が咲いていない。山のふもとの多くのところに残雪があり、頂上は雪に覆われている。五月十二日の朝、レ氏寒暖計〔フランスの物理学者 Réaumur レオミュールが発明した温度計〕はわずかに二度を示し、昼でも六度しかなかった。

十三日の夜明け、錨を揚げた。天気は晴れ上がり、周囲の地点や島がすべてはっきりと見ることができた。われわれの主な注意は日本人の地図で呼ばれる樺太に向けられ、それは水平線上に見ることができる。停泊していた場所を離れるとすぐに、われわれの位置についてのすべての疑問がはっきりとした。不運であったラ・ペルーズの証言からも、そしてわれわれ自身の観測からも、いま北の方角に見える樺太島が、チョカまたはサハリンと同じ島であることは明白である。最初のうちは推定に過ぎなかったが、昼近くになり、クリリオン岬〔西能登呂岬〕の位置が分かり、それと「危険岩礁」(La Dangereuse)の位置を比較することにより、確実なものになった。

アニワ湾の滞在・サハリンまたはチョカの南西岸の様相

天気は晴れ、そして強い風で、すぐにクリリオン岬に近づいた。しかし夜が近づくにつれ、「危険岩礁」を避けるために、ふたたびそこから離れた。今や陸地は北におよそ五マイルの位置にあり、岬との間に広々とした水路があることが分かった。十四日の朝、実に日本人の船がこの水路を通り抜けるのを見た。岩礁は北緯四十五度四十七分十五秒、西経二百十七度五十一分十五秒〔宗谷海峡上〕の位置である。

翌朝この岩礁に近づくにつれ、かなり大きな騒音がひっきりなしに聞こえた。最初、荒波が岩礁に砕ける音だろうと思った。ところが後に望遠鏡で見ると、数え切れないほど大量のアシカ、ゴマフアザラシ、オットセイを発見し、間違いなく騒音はここから出ていたのだ。その時の距離では、これらの動物の種類を特定することは不可能であった。岩の上に横たわっているもの、海水からわずかに頭を出しているもの、恐ろしい遠吠えを発していたのだ。

クリリオン岬は北緯四十五度五十四分十五秒、西経二百十七度十七分二十一秒にあり、艦の航路の西側に見える。さらに東の水平線上はるか遠くにアニワ岬、サハリン島の南東地点がはっきりと見える。最初われわれはこの岬が別の島かと思った。というのはこの陸地の北の部分は南の部分よりずっと低く、そのためにしばらくは見えなかったからだ。風がいくぶん強くなり、時速七ないし八ノットでアニワ湾に向かって走った。

午後四時近く、ようやくその低地が見え、それによって湾を形成している二つの岬がつながっていることがはっきりと分かった。そして夕方近く、Dutch Salmon Bay と呼ばれる海峡のなか、湾の北西地点に水深九ファゾム〔16.2m〕に錨を下ろした。停泊地点から遠くないところに一本マストの日本船がおり、陸地には完全に日本人の趣向の建物が何軒か見えた。早朝に見た日本船はクリリオン岬のそばを通り、東側の岬に向かう小さな海峡に錨を下ろした。

夕方遅く、ラトマノフ中尉が翌朝四時までに上陸し、可能ならば網を投げようと提案していることを聞いた。そこで私は一緒に行かせてほしいと頼んだ。こうして翌十五日、われわれ七人はボートに乗って探検に出ることになった。湾の北ないし北東の部分に向かって舵をとり、川を見つけようとした。しかし艦から数マイル行ったところで波が海岸沿いに非常に大きくなり、上陸することは不可能であった。実際に上陸を試みようとしたならば、ボートは粉々に打ち砕かれてしまう危険があっただろう。

湾の北全体、そして北東岸のほとんどの部分を岸から一マイルの距離で辿り、おおよそ水深二ないし三ファゾム〔3.6～4.8m〕であることが分かった。北の岸に川の河口を通ったが、波のためにそのなかに入ることはできなかった。ボートのまわりには常に数多くの鯨、海カモメ、ワタリガラス、そしてマガモが取り巻いていた。すでに艦から八海里も離れてしまい、アニワ岬の北の部分に達した。その時たいへんうれしいことに、危険がなく歩いて渡ることができる地点に到着した。そして今、これほど遠くまで来てしまったので、人が住んでいる陸地に行ってみることにした。そこは前日日本人の船が停泊していたところの前である。したがって水兵たちには引き続き海岸沿いにボートのコースを続け、この地点に戻ってくるよう命じた。

海岸はまったく平坦だが、近くには険しい山が立ち上がっており、そこには全く近づくことはできなかった。進んでゆくと多くの住居があった。それらの小屋はかなり貧弱で、遠くない距離に散在している。しかしおそらくは漁民の夏の住居であろう。なぜならわれわれが見た人のほとんどは成人の漁労者であったからだ。女や子供はほとんどいなかった。平野を通り、近くの山々を超えて陸の内部に通じる多くの踏み跡があることから、こうした推定はますます確かなもののように思えた。わずかに見られた女たちは魚を切り、乾燥の準備をするためにきれいにすることに専念している。それは内臓を取り出し、卵は塩漬けにして保存されることが分かった。誰もが戸外に出て座り、片側だけ地面に立てた柱に固定した藁のマットを風よけにしているだけだ。かれらの身なりは、

サハリン南部のアニワ湾の風景（ティレジウス画）

蝦夷の人々と同じように、前がはだけた丈の長いガウンであり、一種の寝巻きのようである。

かれらの住居や働いている場所を通ると、男はたいてい立ち上がり、何歩か近づいてきて、蝦夷のアイヌの仕草で友好的な微笑を浮かべた態度で挨拶をする。しかし女たちは、藁のマットの陰に隠れたままである。われわれの姿はまったく見慣れないはずであったが、かれらには何ら変わった風はなく、かれらの目には慣れた光景であるかのような態度である。何人かの男が、あきらかに礼儀正しく、好奇心から数歩ついてきたが、道を邪魔することがないよう離れていった。およそ一ドイツ・マイル歩いた後、日本人の船が停泊しているところの方向に向かってコースをとる地点にたどり着いた。歩いている間はいろいろな面白さがあり、海岸沿いに格好の踏み跡があったおかげで疲れることはなかった。樹林におおわれた山々の土壌は、ほとんどのところが陶土のようである。あちこちに気持ちの良い谷間が開け、そこには小さな水の流れがあり、湾に注いでいる。そうした主な流れのうちの三つには、橋の代わりに広い厚板が掛けられ、歩いて渡るのに便利になっている。

住居に近づいていくと、両刀を差し、絹の着物を着た二人の日本人役人が近づいてくるのに気づいた。かれらは友好的な物腰で挨拶し、野天のなかに広げた藁のマットの上に座った。われわれには座るようにとも言わず、あなた方は誰なのか、何のために来たのかなど形式的に質問を始めた。質問に対する回答を書き留めると彼らは立ち上がり、すぐそばにあるかれらの家でなにか軽い食べ物を食べていくよう招いてくれた。もう昼近くになっており、朝の四時からこの遠足を始めてから何も食べていなかったので、こうして招かれたのはたいへんありがたかった。日本人の集落は六つの大きな家のほかにいくつか小さな家、まわりを庭または開けた場所で囲まれていたので、その全体はヨーロッパの農場にやや似ていた。建物のほとんどは倉庫のようなものとして使われている。

われわれは最初の家に招待された。その家は木造の平屋で日本式に造られており、すなわち廊下と格子戸、そして窓の代わりになる木のフレームに紙を張ったものである。最初の部屋は大きく、周りにはこの部屋に開けた小室または仕切りで囲まれており、様々な種類の商品が置かれている。次の部屋は、一段上がった広いスペースの部屋で、台所として使われるようであった。真ん中に囲炉裏があり、そばには見事な藁のマットが敷かれ、そこに座るように勧められた。長い間歩いてきた靴で畳を汚してはいけないことを謝ったので、表のマットを取り払い、下の床の上に座ってほしいと言われた。床はそれほど見事ではないが、かなり清潔であった。しかし東洋風の座り方に慣れていないわれわれは、脇に足を投げ出し、かなり不器用に座った。わが主人はいくつか小さい樽を持ってこさせ、その上に板を乗せてベンチを作ってくれた。おかげで自分たちのやり方でとても便利に座ることができた。それから一人ひとりに四角い木の盆が配られ、その上には立派に料理されたご飯がいっぱい盛られた漆塗りの皿、また別の小皿のようなものの上には調理した魚がのっている。そしてフォークのかわりに日本人が使う、二本の小さい木のスティックが配られた。このようにして、日本における六か月を過ごした末に、われわれは今やチョカ〔サハリン〕島において、日本人の家族と一緒に食事を共にしたのである。

ここにいる間、わが主人はいくつかの問題で、懸命に情報を得ようとしたので、われわれのほうから質問する余裕はなかった。日本人役人の一人はこの島に六年、もう一人は八年住んでいると言い、二人とも樺太と呼んでいる。この島は蝦夷島のほぼ半分の大きさとみなしている。しかし彼らの話からすると、島の北部はまったく知られていないことが推測された。かれらは光太夫やラクスマン中尉のことについて多くを語ったが、ロシアのことについてはほとんど知識がないように思われ、カムチャツカの名前すら知らない様子であった。われわれが猟銃を持っていたので、かれらは一つ試してみてくれと聞いてきたが、その安全装置にはかなり驚いたようで、かれらにはまったく新しいものであった。それまでは日本人は銃にマッチで火をつけると聞いていた。かれらは銃に火薬を装填することについてあきらかに懸念をもって質問し、弾薬について点火口に数粒でも散らばれば燃え出したりはしないのかと非常に心配そうにしていた。かれらの居留地の防衛には、おそらく弓矢以外には何も武器をもっていないことをほぼ確信した。この島の原住民もやはりアイヌと呼ばれている。かれらは明らかに蝦夷やクリール諸島の原住民と同じ種族である。

私はここで二十二人の日本人を数えたが、われわれすべての動きをことさら興味深げに観察していた。そのうち数人は今停泊している船でやってきた水夫であり、かれらはここに数日か数週間に限って滞在するようだし、他の時期には、特に冬の間は、日本人はほとんどいなくなるだろう、というのが私の意見である。最初の大きな部屋は多くの原住民でいっぱいで、かれらはすべて服従のしるしとして跪いている。これをみてもかれらが武装もしていない日本人によって極めて過酷に支配され、かれらの数からすれば、あらゆる概念を超えて不釣り合いである。この貧しい人間たちは好奇心を満たそうと十五分ほどしか居なかったが、ふたたび仕事場に連れていかれた。かれらは魚を切り、きれいにし、乾燥用に塩漬けにし、生の魚をつるし、そして乾いた部分をひっくり返す、こうした仕事に使われているのである。われわれが見た数百人のアイヌのうち、一人か二人だけが体じゅう粗い毛でおおわれていたが、おそらく、ヨーロッパ人のあいだでも同じようなことであろう。この民族のすべての人間が毛でおおわれているというのは、旅行者がときどき詩的修飾を欲しいままにする大げさな話の一つだ。

　集落の近く、小さな山の上に日本の寺が立っており、靴を脱ぐという条件で、そこを訪ねてもよいと言われた。もし時間がかかることに心配することがなかったなら、喜んで寺に行くところだった。しかし時はすでに午後四時、長い時間待たせてある水兵のボートはまだ視界にさえ入っていない。風と潮はともに状況が悪く、ラトマノフ中尉は、彼らに何か事故でもあったのではないかとかなり心配していたため、これ以上遅れることなく、かれらを探しに行くことに合意した。こうして、もてなしに大いに感謝しながらわが主人に別れを告げ、海岸沿いに戻り、三十分のうちに水兵たちに出会えた。

風は強く、好条件ではなかったが、湾を横切り、十四マイル先にあった艦に向かって真っすぐに漕いだ。岸を離れる際は、風がかなり強く、波も高かったので、われわれ九人を乗せた小さな舟は、乗り込むのが非常に困難であった。しかし大きな苦労をして奮闘し、およそ八時ごろ艦に無事たどり着いた。それは本当に艦上の仲間にとって大きな喜びであったと言える。かれらはわれわれの長時間の、そして自然との骨の折れる闘いをたいへんな心配と懸念をもって目撃していたのだ。艦は北緯四十六度四十一分十五秒、西経二百十七度二十八分〔アニワ湾奥深い地点〕に停泊した。

アイヌの容貌（ティレジウス画）

チョカ〔サハリン〕からの出発・ペトロパヴロフスク湾到着

五月十六日の夜明け、ふたたび錨を揚げ、南東からの強い風を受けながら、夕方近くにはアニワ岬に到達した。クルーゼンシュテルン艦長はこの岬の位置を北緯四十六度二分二十秒、西経二百十六度二十九分四十秒と確定した。翌朝は岬を回航したが、すぐに風が止み、昼までには死んだような静けさが訪れた。艦の周りには大量の鯨が遊びまわり、たいてい二頭か三頭連れであった。夕方近く陸から七マイルの距離に六人を乗せた小船が見え、艦のほうに向かって漕いできた。船も人も、その姿はこれまで見たのと少しも変わりなかった。おそらく夜が近づいてきたためか、かれらは戻っていった。

われわれは引き続き海岸沿いを航行し、十九日には北緯四十六度五十分、西経二百十六度二十七分にある岬に近づき、そしてトーニ岬（Cape Tongu of the Dutch）を経て南に向かった。そこは投錨地としてはあまり良くも悪くもなく、緊急時のみに一時的避難として使えるにすぎない。北ないし北東風に対してほとんど防ぐことにはならない。ここからサーモン湾までの距離は二十ないし三十マイルである。二つの湾がそれぞれに低い山の稜線で隔てられている。この湾には人はわずかにしか住んでいないが、かなり多くの川の流れや焚き木が見られる。午後になり、北緯四十七度三十三分、西経二百十七度十四分にある、高くなだらかな山が見えてきた。その山はSpenberg of the Dutch およびPeak Bernizet of La Perouse〔サハリン州ススヤ山脈の山〕と思われる。

二十日に通過した海岸は、気持ちのよい様相で、微笑むような景色だ。天気は荒れ、ときどき雪も降ってきた。翌日は曇りであった。二十二日はテルペニヤ湾〔多来加湾〕(Dutch the Gulf of Patience)と呼ばれる湾のなかにいたが、翌日、川の河口が見えた。完全に穏やかな天気で、クルーゼンシュテルン艦長は錨を下ろすことに決め、海岸のかなり近くまで調査した。そこは低地で木が繁茂しており、ぜひ行ってみたい景観である。

そこでボートの帆をあげ、士官七人が乗り込み、陸に上がった。夕方かれらは戻ってきたが、大量のぼろぼろの海藻、貝殻、そして乾燥した魚の卵をいくらかと、大きな鮭、エイを持ってきた。そして魚がたくさんいる川があり、モミやマツの木の見事な森、ネズ〔ヒノキ科の木〕の林がたくさんあるが、人はほとんど住んでいないと知らせてきた。天気はまだ困ったもので、嵐になる恐れがあった。さらに航海士によって湾の北側の境界線を北緯四十九度十九分と確定し、クルーゼンシュテルン艦長は南に戻るのが用心深いだろうと考えた。ここで嵐になれば、陸に近づきすぎるのは非常に危険であったからだ。オランダ人が(48)「海豹島」(Seal Island)と呼ぶ島は特に避け、今やここからさらに遠くに行くことはできなかった。

二十四日の昼近く、海豹島を取り囲んでいる危険な岩礁〔海豹岩、破浪岩〕が見えた。進路を南ないし南西に変えてこの岩礁を避けるとともに、テルペニヤ湾の周りを航行した。クルーゼンシュテルン艦長は海豹島の位置を北緯四十八度二十八分から四十八度三十六分の間、西経二百十五度二十七分から二百十五度五十分の間と確定した。二十六日、思いもかけないまったく新しい光景が出現した。西の方角にかなりの量の流氷が現れ、それは小さい物や島のような大きな流氷である。緊張が高まり、その結果、東に航路をとり、こうした危険な集まりに過度に近づきすぎて惨事にならないようにした。

翌朝四時、北西方向にふたたび流氷の大平原が現れた。こうした状況からこの時期に、サハリン北東海岸の調査のためにこれ以上航海するのは不可能と思われた。したがって、流氷が融けるまでさらに数週間のあいだ南に航海を続けるか、または、ただちにカムチャツカに向かうか、いずれかを選択するしかなかった。後者の場合には地理学調査にはあまり興味がない使節は解放されるだろう。そして、〔レザーノフ使節にとっては〕もっと条件の良い時に、判断力がよりふさわしい状況になった時期に、今回破談に終わった目的を遂行するために戻って来ることもできるだろうし、このことはもう終わってしまったことである。われわれはクリール諸島に向け、まっすぐ東に舵をきった。

二十八日の午後、風がかなり強くなり、夕方近くには激しい嵐になった。この夜われわれの位置はさらに良くない状況にあり、なぜならクリール諸島から遠く離れることができなかったからだ。一晩中風が荒れ狂い、波はたいへん高く、艦の横揺れはほとんど支えられないくらいであった。

二十九日の夜明け、南東方向に陸が見えたが、濃い霧ですぐに見えなくなった。この日遅く天気がいくぶん晴れ、南南東の方角に高い山がはっきりと見えた。この間われわれはこの未知の海域においてさらに正確にコースを東にとろうと巡回し、周辺すべてを視界から隠している濃い霧が消えるのを待った。艦は西の方面にある山に向かってさらに数マイル流され、風はさほど強くないのに、ほぼ完全に潮流のなすがままになっていた。一日中このピークから黄色がかった灰色の煙が立ち上っているのがはっきりとわかった。それは暗い灰色の霧とはっきりと区別がついた。この火山の噴火口は山の西側の地点にあり、それもはっきりと見えた。山麓から三海里の距離にある山の頂上は、水平線上二度であることが観測された。夕方には激しい雪となり、空気は極端に冷たくなった。この日寒暖計はほとんど六度であったが、夜間は一度にまで下がった。

三十日の早朝、クリール諸島の十番目か十一番目と推定される島が見えた。北東に舵をとり、この島を後にしてできるだけ早くカムチャツカの海域に入れることを期待した。しかし昼近く、別の小さな岩の島が見え、さらに北東に別の島が霧の中にもはっきりと見えた。強い東風がますます霧を濃くしてきたため、クルーゼンシュテルン艦長は敢えてこれ以上未知の島と岩礁の間を航海することはできないと判断した。したがって彼はむしろ知っているオホーツク海に戻ることに決定した。風はかなり強く、毎時八マイルの速度で運ばれ、一晩中かなり激しく吹き続けた。三十一日の朝、雪が激しく降り、寒暖計はわずか〇・五度であった。そして六月一日、目が覚めた時には、驚いたことに艦の甲板上には数インチの深さに雪が積もっていた。しかし日中は晴れ上がり、ふたたびクリール諸島に向けて舵をとった。この日は、鯨が数頭、なかには非常に大きいのがいたが、一日中われわれと航海をともにした。

濃い霧は昼近くになって消え、オンネコタン〔温禰古丹島〕の高いピークを見ることができた。この山はクリール諸島の最北にあり、艦からもあまり遠くない。夕方近くには大気はすっかり晴れ上がり、これらの島々の海岸の低地部分をはっきりと見ることができたが、山の稜線や頂上はなお霧に包まれていた。ときおり高いなだらかな山が見えたが、朝になって初めて頂上をちらりと見ることができた。

夜の十時近くになって吹き出した強い風のおかげで、艦はオンネコタン島とパラムシル島〔幌筵島〕の間の海峡を通り抜けた。この海峡は通り過ぎるのにわずか八マイルだ。二日の早朝、われわれはカムチャツカの海にでた。この日は晴れ、パラムシル島の海岸

海から見たペトロパヴロフスクの港（ティレジウス画）

のほとんど、そしてこの島の雪をかぶった山々を見ることができた。今やカムチャツカに向かって真っすぐに舵をとる。続く数日間カムチャツカ半島の南東海岸にそって走り、半島の高い山をいくつか拝んだのだ。

六月四日、沖合にかなり高くそびえるアワチャ峰が見えた。近くの海岸は、昨年われわれが到着したときのような気持ちのよい光景ではなかった。なぜなら山々は雪に覆われていたからだ。翌日の午後五時ごろ、無事ペトロパヴロフスクの港に錨を下ろした。ここで友達や親戚からの手紙とヨーロッパからのニュースを受け取り、喜んだ。しかしそのなかで、ナポレオン・ボナパルトがフランス皇帝に宣言されたというニュースほど重要かつ思いもかけない事件はなかった。

第七章

カムチャツカ滞在中の特別な出来事

フヴォストフ中尉およびダヴィドフ中尉のペトロパヴロフスク到着 ― 両氏の日本人居留地に対する秘密の遠征 ― レザーノフ宮廷顧問の死 ― 秘密の遠征のその後の進展 ― フヴォストフ・ダヴィドフ両中尉の死

ここで私がカムチャツカに滞在した九ヵ月の間に起きた出来事のすべての詳細に立ち入ることや、そこで観察したすべてについて詳しい記録を披露することになれば、この記録はあまりにも長すぎるものになってしまうだろう。したがって、もっとも記録に値する事柄だけに限ることにし、この半島に関するさらに豊富な描写については、将来その機会が訪れるときがくることを願う。

九月の終わりごろ、天気は晴天が続き、私はドゥヴォルフ船長と一緒に近隣の場所をいくつか探検することにし、特にパラトゥンカの温泉〔ペトロパヴロフスク・カムチャツキー郊外〕を訪れることにした。そして帰ってくると、まったく思いもかけず、たいへんうれしいことに私のかつての旅仲間であり友達であるダヴィドフ中尉に出会ったのである。彼は十月二日にアヴォス号でこの港に到着していたのだ。かれはその艦長に任命され、そしてシトカ〔アラスカ州の市。当時ロシア植民地〕でその任を終えた。

かれの現在の活動は以下のとおりである。われわれがシトカを出発してから数週間後、アヴォス号は出帆の準備が整い、またレザーノフ宮廷顧問はフヴォストフ中尉(49)率いるユノナ号に乗艦し、両艦は供に八月にノーフォーク・サウンド〔シトカ。ジェームズ・クックが名付けた〕を出発した。

レザーノフ宮廷顧問は日本への交渉が失敗に終わって以来、日本に対して少なからぬ怨恨を抱いていた。そしてもし機会があれば、クリール諸島の南端にある日本人居留地に秘密の遠征(50)を派遣し、日本からうけた侮辱に復讐しようと考えていた。彼がこの遠征を派遣することの弁明は、これらの島々は、パラス(51)の北方コレクションで教えられたように、以前ロシア人によってすべて占拠されたものである、という理由である。こうした考えの結果、ダヴィドフ中尉は直接クリール諸島に向かうことを命ぜられ、オオナラシカの近くでユノナ号と別れた。彼はウルップ島にむけてコースをまっすぐに向けた。ウルップ島はシェリホフ(52)が二十年前にロシア人居留地として定着させたが、彼の死後それは廃止された。逆風と激しい嵐のために彼はこの年に島の上陸や調査をするのは賢明でないと考え、コースを変更し、ペトロパヴロフスク港に帰ってきた。そしてここで冬を過ごし、約束した通り、ふたたびユノナ号と合流しようとしたのだ。フヴォストフ中尉は九月にオホーツクに到着しており、秘密の遠征に加わるよう命令を受けていたので、彼もまた、それを視野に入れて十一月にペトロパヴロフスクに到着した。

まったく思いもかけず、ドゥヴォルフ船長と再会できたことがいかに嬉しかったことか容易に想像できよう。われわれは前年の冬をアメリカの北西海岸で過ごし、そこで打ち解け、自信をもって足跡を残した友達同士だった。フヴォストフ中尉からは、レザーノフ宮廷顧問を九月末にオホーツク港で下ろし、すぐにイルクーツクに向けて出発したことを知らされた。オホーツクでフヴォストフ中尉は、ゴロフキン伯爵が指揮するロシア帝国の北京使節が日本への使節とほぼ同じような運命を経験し、交渉が水泡に帰したことを知った。その使節に随行した博物学者の一人、大学の補佐役、レドフスキー博士は、その時オホーツクにおり、カムチャツカに来てこの地方の科学的知識をより豊富に得ようと考えていた。彼はそこでアリューシャン列島を訪問することを提案し、その旅行計画は、冬の間そこを持ち場にし、ペンシンスク湾を横切るというものであった。

フヴォストフ中尉はオホーツクを出発する前、秘密の遠征について追加の指示を受け、そして十月、南に位置するロシアの島に向けて航行した。そこでかなりの倉庫をもつ日本人居留地を発見した。彼はこの居留地を、ロシア人が先に権利があると主張して、なんらの抵抗を受けることなく占拠したのだ。千プード〔ロシアの古い重量単位。一プードは約16Kg〕近い米、かなりの量のタバコ、漁獲網、大量の漆塗りの茶碗や容器、煙管、それなりの量の塩、さらに膨大な量の乾燥魚、その上に絹、木綿、紙、墨汁、絵、その他の物を持ち去った。彼が持ち運びきれなかった品々のかなりの部分を、アイヌの原住民に対して褒美として与えた。倉庫の管理にあたっていた四人の日本人は、囚人としてカムチャツカに連れてこられた。

このようにして日本人は初めて、前使節が恥をかかせられたその自尊心を通して、ロシア人の力のほどをある程度知ることになったのである。この企ては、少なくとも一定の正当性をもつものであり、レザーノフ氏がとった手段に対して理由を説明することが求められるのであるが、彼の死によってそれは不可能になってしまった。彼は翌年ペテルブルグに帰る途中、オホーツクからの道で落馬し、クラスノヤルスクで偶然死んでしまったのだ。

私はそれ以後、フヴォストフ、ダヴィドフ両中尉について触れたり、かれらの日本人居留地に対する遠征について話をしたりする機会はほとんどなかった。したがってこの場で私の記録の正式な年代記からそれることを容赦されたい。そしてここでは、この問題に関してはかれらの悲しむべき運命について言わなければならないことをもって締めくくりとしたい。

われわれはペトロパヴロフスクの小屋で冬を過ごし、そこではこの地方の魚、鹿肉、その他の産物、さらになんといってもユノナ号が運んできた素晴らしい米で最高の喜びを味わい、お互いに喜びを分かち合い、たいへん愉快な生活をしたのだ。それらすべてが終わった一八〇七年の春、この二人の友達は、命令に従って、あらたな軍事計画の準備にとりかかった。それは日本人が居留地をつくったクリール諸島南部を、これら新たな侵入者〔日本人〕から解放するというものだった。

五月二日、ユノナ号とアヴォス号の両艦はアヴァチャ湾を出航し、直ちにウルップ島とイトゥルップ島〔択捉島〕にコースを向けた。かれらはイトゥルップ島で多くの武装した日本人を見つけた。日本人は最初、弓と矢で抵抗を示そうとしたが、すぐに逃げ出し、住居や倉庫をすべてロシア人に放棄してしまった。数多くの実に美しい漆塗りの用具、本、地図、大量の米と塩、タバコ、衣類、いろいろな種類の作業道具、要するに生活に必要な何もかもがあった。それらのなかで特に注目すべきものは、いくつかの大砲、マスケット銃、刀剣、胴よろい、兜であった。このようにして彼らの勇敢な行動のおかげで、六か月間の長崎滞在で手に入れようとしてできなかった数多くの物を知ることができたのである。造船技師の第一人者コルーキンから、大砲の一つを正確に描いたスケッチを入手したが、それは古いスペイン式の大砲のようであり、その他の大砲もまったく同じものだろうと念押しした。そしてそれらに刻印された文字から判断すると、すべて日本人職人が造ったものに違いなかった。

前の年カムチャツカに連れてこられた四人の日本人は、冬をそこで過ごし、ロシア語をいくらか習得した。そして今度は日本に返され、ロシア人がこれらの島について、先に占有権があるのだから日本人よりもずっと主張することができるのだということを、同郷人に教えるように言われた。このことを示す紙片が与えられ、それにはロシアの国旗が描かれていた。上述したいろいろな興味深い品々の大部分は、後にわが乗組員によってオホーツクに運ばれてきたが、そこの司令官ブハーリン長官によって奪われ、ロシア政府に対して、また露米会社に対してもまったく不当なやりかたで散逸してしまった。

二人の優秀な士官、フヴォストフとダヴィドフの両中尉は、たいへんな苦労と無念を経験し、この年の秋にはイルクーツクへ、そしてついに一八〇九年の春ペテルブルグに帰った。かれらは良く知られた勇気、強固な意志、そして職業の能力により、対スウェーデン戦争に雇われ、砲艦の指揮官として有名になった。かれらは栄冠を得てふたたび首都に戻った。時を同じくして一八〇九年九月、共通の友人ドゥヴォルフ船長がアメリカ合衆国からの貨物を運んでクロンシュタットに到着した。このようにしてわれわれ全員が再会したのは、大きな喜びであった。アメリカ北西海岸、そしてカムチャツカで過ごしたものさびしい冬のことなど、互いに自慢話をし、そして今こうして帝都において一緒に楽しく陽気なひと時を過ごしているのである。

われわれはその日の夕方を共に過ごし、かつて海に陸に、経験したあらゆる危険や冒険について語り合った。特にお互いの現況や、地球の反対側で起きたあれやこれやの状況について語り合い、深夜遅くまで楽しんだ。フヴォストフとダヴィドフの両中尉が私の家を出て、川の対岸にあるワシリー島のアパートに帰ろうとしたのは午前二時ごろであった。ドゥヴォルフ船長と私は跳ね橋のところまで彼らと一緒に行った。橋はどの船でも夜間通行できるように開いてあった。わが友人たちは橋から掛けられた厚板を渡って川のなかの船に乗り移り、そしてまた別の厚板でもって橋の向こう側に上がった。そしてわれわれに「おやすみなさい」と呼んだが、そのときかれらはまったく無事であった。クロンシュタットから来ていたドゥヴォルフ船長だけが、私と一緒に家に帰った。

翌朝、夜中にネヴァ川で二人の士官が溺れたという不吉な知らせを受けた。それからさらに聞いてみると、ああなんたる不慮の死！ 永遠に悲しむべき出来事！ わが友達であった。どうしたことか神のみぞ知る。かれらは私たちと別れた後、もう一度私たちのところに戻ろうとし、そして早くしようとして橋の上から船に飛び乗ろうとしたが、船は動き出していた。まったく不運なことに、船に届かず、帆の上に飛び乗ったが、そのまま水の中に投げ出されてしまい、川の早い流れの餌食になってしまった。船に乗っていた人たちが彼らを救助しようとしたが、その夜は真っ暗闇で、救助することはできなかった。

かくも短く、勇敢にして優れた両人の人生は、終わったのである。危険や困難も省みず、彼らは二度もペテルブルグからオホーツクまでの旅行を成し遂げ、そしてアメリカ北西岸からカリフォルニア、アリューシャン列島からクリール諸島までの航海に従事し、無事に母国に帰ったのである。共にスウェーデン戦争に参加し、そこでは英雄として名を馳せた。そして最後まで分かれ離れになることなく、早すぎる最後をとげたのである。最も優秀にして価値ある市民を奪った状況はこのようなものであり、またかれらとの親密で、誠実な友人としての結びつきは、永遠に誇ることができるであろう。記憶に残る友情、かれらを知る者はすべて、最高の評価、愛情、そして敬意を終生大事にしなければならない。かれらのような人生はこの地上においてそれ自身最高の報いであるし、天はきっと来世においてもさらに多くの報いを与えるであろう。彼らがオオナラシカ、カジャク、そしてシトカのアリューシャンの人々の状況を改善しようと働いたこと、欲得のない自己犠牲に対して、報われることだろう。

わが読者諸氏が、こうして脇道にそれたことを許されることを願う。彼らが過ごした最後の夜が私の屋根の下であったことを思い出すとますます悔やまれ、それは取り返しのつかない損失と、止むことのない後悔なのだからである。私はこの出来事を、カムチャツカ滞在中の最も記すべき出来事に関連することとして振り返るのである。

訳註

（1）**クルーゼンシュテルン艦長**（Adam Johann von Krusenstern. 1770-1846）現在のエストニアに生まれ、一七八五年ロシア海軍兵学校に入学、露土戦争、対スウェーデン戦争での功績が認められて大尉に昇進。一七九三年イギリスに留学、アメリカ各地の視察、広東滞在を経て、一七九九年ロシア帰国。アメリカ北西岸、千島列島などの毛皮貿易や広東を中継地とした東洋貿易を調査報告した。一八〇三年のロシア最初の世界周航調査隊の艦隊司令長官に任命され、八月にクロンシュタットを出航、大西洋、太平洋、日本往復航海を経て、インド洋経由で一八〇六年八月に帰港した。帰国後、海軍兵学校校長、海軍大将などを歴任。その世界周航の記録（次項）は航海史、探検史上の重要文献。

「隊長自身による記録」 クルーゼンシュテルン「世界周航記」（Reise um die Welt in den Jahren 1803,1804,1805 und 1806 auf Befehl Seiner Kaiserlichen Majestät Alexander des Ersten, auf den Schiffen Nadeshda und Newa. 1811/1812.（後にロシア語、オランダ語、スウェーデン語、英語、イタリア語、フランス語版を出版）邦訳は、羽仁五郎訳註「クルウゼンシュテルン日本紀行」全二巻、一九三一年刊）。その上巻（第一章〜第九章）の日本への航海、日本滞在の記録の部分が、本書ラングスドルフ「日本紀行」の同じ期間の記録に対応するものとなる。

（2）**ブルーメンバッハ教授**（Johann Friedrich Blumenbach. 1752-1840）ドイツの医学者、人類学者、ゲッティンゲン大学教授（1778〜）。動物学を比較解剖学から独立させ、生理学を医学の基礎とみなした。

人類学上では、人類の一元性を強調し、人類の相異は人間固有の性質が風土、遺伝などの諸要素により身体的、文化的に種々の段階にあるにすぎないとした。また、系統的頭蓋学の分野を開拓、カフカス人種を祖型とし、人類をカフカス、蒙古、エチオピア、アメリカ、マレーの五種に分類した。本書の著者ラングスドルフはゲッティンゲン大学でブルーメンバッハ教授の指導を受け、一七九七年に医学および外科医の博士号を取得している。

（3）**ナジェージダ号とネヴァ号**　一八〇二年八月アメリカ北西岸に向けた派遣の指揮官に命ぜられたクルーゼンシュテルンは、ロシアに遠洋航海に適した艦船が無く、用船購入のために海軍同僚のリシャンスキー中尉に指示し、一八〇三年ロンドンで四五〇トン（船齢三年）と三七〇トン（船齢十五か月）二艦を購入し、前者に「ナジェージダ号」（クルーゼンシュテルン艦長）、後者に「ネヴァ号」と名付けた。リシャンスキーが指揮した「ネヴァ号」による航海記録は Voyage round the World, in the years 1803,4,5,&6, performed by order of His Imperial Majesty Alexander the First, Emperor of Russia, in the Ship Neva, by Urey Lisiansky. London. 1814. が刊行されている。

（4）**ティレジウス博士**（Wilhelm Gottlieb Tilesius. 1769-1857）ドイツの博物学者、医者、画家。ライプチヒ大学で自然科学、医学を学び、プライセンブルクの美術アカデミーで絵画を修練し、それぞれ博士号を取得、一八〇三年にはモスクワ大学の教授に就任した。コペンハーゲンからナジェージダ号に参加し、世界周航中、動植物、民族学上の貴重な観察と描写を残した。クルーゼンシュテルン世界周航記のアトラス巻の貴重な図版の多くは、ティレジウスの画をもとにしている。

（5）**レザーノフ**（**Николай Петрович Резанов. 1764-1807**）サンクトペテルブルグの士族の家庭に生まれ、十四歳で砲兵学校を卒業、近衛連隊に配属。退役後ペテルブルグ裁判所の勤務、海軍省次官秘書を務めた。エカテリーナ女帝統治期に宮廷詩人デルジャーヴィンによって官房長に抜擢される。イルクーツクで毛皮王シェリホフと知遇を得、一七九五年シェリホフの死後、露米会社を設立する。北太平洋での利益増大、食糧難打開、経営改善のために商務大臣ルミャンツェフに接近し、日本との通商交渉の必要性を説く。クルーゼンシュテルン世界周航調査隊に遣日使節を結びつけることに成功し、全権代表使節となる。仙台藩石巻の漂民四名の帰還の使命を伴った日本との通商交渉は失敗に終わり、カムチャツカ帰港。アラスカ、カリフォルニアを視察後、一八〇六年部下のフヴォストフ、ダヴィドフに日本北方の襲撃を命じたが、後に命令を撤回、ペテルブルグへの帰途、クラスノヤルスクで落馬したことが原因で病死。レザーノフに関する文献は一九九四年、未発表の書簡、関係論文、書簡などを含めた書「コマンドール」が終焉の地で出版された。日本滞在中の日記は、大島幹雄氏によって翻訳され（「日本滞在日記」岩波書店二〇〇〇年刊）、日露交渉史上の実録として極めて興味深い。また、レザーノフは日本への航海中にナジェージダ号の艦上で、主として仙台漂民善六（洗礼を受けロシア帰化名キセリョフ）に日本語を教わり、「ロシア語アルファベットによる日本語辞典」、「日本語学習の手引き」を書いた。その手稿がソ連科学アカデミー東洋学研究所レニングラード支部に保管されていたが、そのマイクロフィルムより「露日辞書」「露日会話帳」(田中継根編訳 東北大学東北アジア研究センター)が発行されている。

(6) **チョカ**(Tschoka) サハリンを意味する地名。「クルウゼンシュテルン日本紀行」(羽仁五郎訳上巻三百七十三～四頁)では、クルーゼンシュテルンはサハリン西部の原住民が自分の島をチョカと呼び、南部の原住民はカラフトと呼ぶ、と推定し、この島にはSachalin, Tschoka, Sandan, Karafuto, Oku-Jessoなどの多くの名称がすでに存在しているとしている。本書の翻訳に当たっては、以下、チョカまたは単にサハリンと表記する。

(7) **クラプロート**(Julius Heinrich Klaproth. 1783-1835) 高名な化学者・鉱物学者を父としてベルリンに生まれ、独学で中国語を学び、一八〇四年ペテルブルグ科学アカデミーの講師となる。翌年ゴロフキン伯爵の中国使節団に加わり、満州、シベリア諸民族の言語、習俗、人種を調査し、帰国後の一八〇七年ペテルブルグ科学アカデミーの特別会員に推挙された。ラングスドルフは本書のなかで随所に、クラプロートの助言による日本各地の地名などを表記しているが、その同定や、知識の根拠については解明が求められると思われる。主著にAsia Polyglotta. Paris, 1823.

(8) **ケンプファー**(ケンペル Engelbert Kaempfer. 1651-1716) ドイツの医者、博物学者。オランダ東インド会社の医師として一六九〇年(元禄三)長崎に来航。滞日中オランダ商館長の江戸参府に二度参加し、五代将軍綱吉に謁見、日本の地理、歴史、習俗、動植物、鉱物など総合的な研究を行い、その遺稿が没後の一七二七年ロンドンで刊行された。The History of Japan. 一九世紀までのヨーロッパにおける日本知識に関する最重要の書。邦訳「日本誌」（今井正訳 霞が関出版）、他に「江戸参府旅行日記」（斉藤信訳 平凡社）など。

（9）**トゥンベリ**（ツンベルク Carl Peter Thunberg. 1743-1828） スェーデンの医師、植物学者。ウプサラ大学でリンネの指導下で植物学、薬物学を学んだ。オランダ東インド会社の医師として一七七五年（安永四）長崎に来航。一年余の滞日中江戸参府にも参加、桂川甫周、中川淳庵ら江戸の学者らとも交流。日本の地理、政治制度、宗教、歴史、動物、鉱物、植物、貨幣制度など総合的な研究を行った。帰国後ウプサラ大学に奉職し、リンネの後を継いだ。Flora Japonica（1784）、Resa uti Europa, Africa, Asia, 1770-1779（1793）などを刊行し、ケンプファーと同様、ヨーロッパに重要な日本関係知識をもたらした。邦訳に「ツンベルグ日本紀行」（山田珠樹訳注 駿南社）など。

（10）**シャルルヴォア**（Pierre François Xavier Charlevoix. 1682-1761） フランス人イエズス会宣教師、探検家、歴史家。神学、哲学、文学の研究のほか、二度におよぶアメリカ大陸の探検旅行を行う。キリスト教史に関する多くの著作を残し、日本に関してはHistoire de l'etablissement, des progrès et de la décadence du christianisme dans l'empire du Japon. 1715「日本切支丹史」とHistoire et description générale du Japon. 1754「日本史」を書いた。来日経験はないが、フランス人を中心にしたヨーロッパにおける日本知識への功績がある。

（11）**エカテリーナ女帝（二世）**（Екатерина II. 1729-1796）　ドイツのツェルプスト公の娘で、ピョートル三世と結婚、ロシア正教に改宗してエカテリーナと改めた。啓蒙専制君主として知られ、ヴォルテール、ディドロ、ダランベールらと交流。在位三五年（1762～96）においてピョートル一世以来のロシアの近代化をほぼ完成した。一七九一年、伊勢白子の漂流民大黒屋光太夫（次項）を拝謁、保護し、翌年アダム・ラクスマンを遣わして日本へ返還するとともに、最初の遣日使節を派遣した。

（12）**光太夫**（大黒屋光太夫 1751-1828）　伊勢亀山領の商家に生まれ、三〇歳のとき白子の神昌丸の船頭となり一七八三年十二月江戸に向け出帆するが、駿河沖で台風に遭い、八か月漂流、アリューシャン列島のアムチトカ島に漂着。一七八八年イルクーツクに送られ、博物学者キリール・ラクスマンの保護を受け、帰国嘆願のためにペテルブルグに赴き、エカテリーナ女帝に拝謁、帰国許可を得る。キリールの息子アダム・ラクスマンによって一七九二年根室に帰還し、翌年使節の第二回会見で幕府役人に引き渡され、江戸に送られる。光太夫の漂流やロシア滞在についての口述は桂川甫周によってまとめられ、「北槎聞略」「漂民御覧之記」などが著された。

（13）**アダム・ラクスマン**（Адам Кириловичъ Лаксман.1766-1803）　ロシア陸軍中尉、最初の遣日使節。一七九一年エカテリーナ女帝によって日本漂民の送還と通商を求めて日本に派遣され、光太夫ら三名を連れて一七九二年根室に来航。翌年松前にて幕府目付石川忠房らに応接。漂民を引き渡し、シベリア総督ピーリの公文を提出したが受理されず、幕府の訓示文書と信牌（長崎入港許可書）を与えられ、帰国後ロシア政府に報告した。これを承けて一八〇三年レザーノフ派遣が実現される。

(14) **ある種の訓示文書** 「異国人に被諭御国法」の書。最初の遣日使節に対し、ラクスマンに手交した幕府の正式回答で、ラクスマン渡来時の最重要文書。松前での第一回会談時に徒目付後藤重次郎が読み上げ、通訳トゥゴルコフによってロシア語訳がなされた。イルクーツクに持ち帰られてのち、伊勢神唱丸の残留漂民の一人新蔵によって改訳されている。

(15) **許可証**〔信牌〕 松前での最後の会見で、幕府宣諭使よりラクスマンに与えられた長崎入港許可書。〔原文 おろしや国の船一艘、長崎にいたるためのしるしの事 爾等に諭す旨を承諾し、長崎に至らんとす、抑切支丹の教は我国の大禁なり、其像および器物・書冊等をも持渡る事なかれ、必害背らる事あらん、此旨よく恪遵して長崎に至り、此子細を告訴すへし、猶研究して上陸をゆるすへきなり、夫か為に此日一張を与ふる事しかり、 石川将監 村上大学 此度政府之指揮を奉してたまふ 寛政五年丑六月廿七日 あだむらつくすまん あしれいろくちう 江〕

(16) **アレクサンドル一世**(Александр I. 1777-1825) パーヴェル一世の長子で、在位 1801-1825 年。治世当初は自由主義的情熱に燃えて立憲政治を夢想し、農奴制下の農民の苦痛を軽減しようとした。対外政策ではナポレオンに敵対し、二度の対仏戦争に敗れた。東方政策においては、露米会社を保護し、海軍士官が現役のまま露米会社に勤務することを許可するなど、国家を後ろ盾とする政策をとった。

(17) **ロマンツォフ(ルミャンツェフ)伯爵**(Николай Петрович Румянцев. 1754-1826) アレクサンド

ル一世治世時代の政治家、外相（1808）、帝国宰相（1809-12）。退官後も史料の蒐集、史料出版の財政的後援者としても有名。諸探検に従事し諸史料を蒐集出版した歴史家、考古学者の集団はルミャンツェフグループといわれる。その所蔵品は政府に譲渡され、それをもとにペテルブルグにルミャンツェフ博物館、図書館が設立され、後にモスクワに移転されてレーニン図書館の源泉となる。

（18）**日本の大船**　仙台石巻、米沢屋平之丞の船、若宮丸、二十四反帆八百石積。寛政五年十一月（一七九三年暮れ）船頭平兵衛ほか一六名で仙台藩廻米を江戸に届けるため石巻を出帆、岩城領塩野崎沖で遭難、六か月の漂流後、アレウト列島中のアンドレヤノフスキー諸島に漂着し救助。本船は流失するが、現地で死亡した船頭以外は寛政七年（一七九五年）オホーツクへ、さらにイルクーツクに送られ、足かけ八年滞在。遣日使節の計画が持ち上がった一八〇三年ペテルブルグに送られ、アレクサンドル一世に謁見、帰国を希望した四名がレザーノフ使節により帰還されることになる。

（19）**ニコライ・コロトゥイギン**　伊勢神昌丸（船頭大黒屋光太夫）の残留漂民の一人、新蔵の帰化名。新蔵は庄蔵とともにロシアに残留し、このロシア名を名のり、イルクーツクの日本語学校教師に任命される。したがって、ラングスドルフのこの説明（若宮丸漂民とする）は錯誤と思われる。

（20）**ホルナー博士**（Johann Caspar Horner. 1774-1834）　チューリヒ生まれの物理学者、数学者。最初聖職者をめざし、後にゲッティンゲンで天文学を学び、次いでペテルブルグに赴き、クルーゼンシュテルンの科学調査隊に参加、コペンハーゲンから乗船。長崎では天体観測、熱気球の実験に寄与した。

（21）「**チリコフ岬**」と「**コクレイン岬**」　クルーゼンシュテルンは、北緯三十二度十四分十五秒、西経二百二十八度十八分三十秒の地点にある岬として「チリコフ岬」、さらに南方、北緯三十一度五十一分、西経二百二十八度三十三分三十秒に位置する岬を「コクレイン岬」としているが、これらの経緯度は宮崎県日向灘にあり、該当するような岬は同定できない。

（22）**連れてこられた日本人漂民**　石巻若宮丸の漂流民のうち四名、儀兵衛（賄、室浜出身）、津太夫（水主、寒風沢）、左平（水主、寒風沢）太十郎（水主、室浜）。レザーノフ使節によって長崎に帰還されたのち、江戸に送られ、仙台藩邸で大槻玄沢、志村弘強によって漂流の顛末、ロシア滞在の詳細を聞きただされ、「環海異聞」が編纂された。なお漂流民のなかでロシアに帰化したキセリョフ善六は、カムチャツカまで乗船し、レザーノフに日本語を教えたが、ペトロパヴロフスクで下りる。善六は遡る一八〇三年の慶祥丸漂流事件、後のゴロヴニン事件においても通訳などの貢献をする。

（23）**パッペンベルク島**〔高鉾島〕　長崎港入り口、神ノ島沖合の島。禁教令が発布された後の一六一七年、長崎で一般領民が宣教師をかくまい、処刑された殉教事件があり、オランダ人はパッペンベルク島（キリシタンの島）と呼んだ。

（24）**オッペルバンジョースト**（Opperbanjos）〔上使・検使〕　江戸幕府は長崎奉行を設置し、キリシタン禁制、貿易統制、異国船対策、近隣大名の監視などの任務を課した。その支配を徹底するため、奉行の補佐役として検使や目付を派遣し時々の事件にあたらせた。ジーボルト「江戸参府紀行」によれば、出島のオランダ人は長崎奉行配下のこれら役人衆をBanjosと呼び、Opperは上級の意、下役はオンデル・バンジョースト（下級の番所衆）で一人の船番（蘭船の監視）と二人の町司（警官役）が付いた。合計およそ十名いたとされ、「給料は幕府からは支給されず、奉行所から出る本給は極わずかだが、正当または不法による副収入は莫大で、密貿易の鍵を掌中にし奉行所の書記と町年寄との了解の下に案配し、云々」と記している。レザーノフ来航時には検使として手付行方覚左衛門、小倉源之進、上川伝衛門、清水藤十郎らの名前が登場する。本書にはバンジョースト（Banjos）や「大臣」が頻繁に登場する。この役職の人物については、「クルウゼンシュテルン日本紀行」の羽仁五郎訳にならい、「番所衆」と表記した。

（25）**オランダ商館長ドゥーフ**（Hendrik Doeff. 1777-1835）　アムステルダムに生まれ、オランダ東インド会社に入社、一七九八年長崎に来航。一八〇三年ワルデナールの後を継いで商館長となる。ロシア使節と幕府との困難な交渉にあたっては、厳正中立の態度をとった。長崎滞在中、蘭和辞書「ドゥーフ・ハルマ」を完成し、帰国後の一八三三年に「日本回想録」を刊行した。

（26）**ロシア皇帝から日本皇帝に対する書簡**　サンクトペテルブルク、一八〇三年六月三〇日付、アレクサンドル（親著）、伯爵ウォロンツォーフ（副署）。書簡は、和文、満州語、ロシア語の三通りで書かれていたが、和文、満州文は読解不明で、レザーノフを中心にオランダ通詞、ラングスドルフらの協力で、ロシア文から和文に翻訳されて趣旨が伝えられた。

（27）**十分な理由**（「オランダ人の従属的態度」に関するドゥーフの釈明）「この会合に関するラングスドルフの記事は、ある点に於ては明確ならず、又或点に於ては錯誤あり。之によれば予は日本の習慣を守らずして通詞に注意せられたるが如く見ゆ。是れ実に無用の事にして、予は在留すること既に五年に及び、能く此国の習慣を知り、決して通詞の注意を要せざりしなり。又予もファン・バプスト氏も、露国の使節によりて公然嘲弄せらるる理由なし。実にラングスドルフ自身も告白する如く、予は露人に誠実の役務を為せり。即ち露船の碇泊地は・・・」（「ヅーフ日本回想録」より）

（28）**祝祭日**（ケルメス）　長崎の諏訪神社の祭礼「長崎くんち」オランダ人はKermes「市」と呼んだ。旧暦の重陽の節句にあたる九月九日、九州地方の方言で「くんち」といわれ、一六三四年長崎奉行榊原飛騨守の援助を受けて始められ、神事奨励の背景にキリシタン鎮圧の目的があるとされる。

（29）**皇帝の名前**　この時の将軍は第十一代徳川家斉（1773-1841）御三卿一橋家の第二代当主徳川治済の長男。在位（1787-1837）は五〇年に及ぶ。家斉とともに将軍に目されていた白河藩主松平定信が老中首座に任命され、幕府財政の立て直しを図る寛政の改革が行われる。

（30）**長崎に新しい奉行が到着**　長崎奉行は幕府の職制上は老中直属の遠国奉行の一つで、幕府直轄地長崎の支配だけでなく、貿易の管理、キリシタン取り締まり、西国大名に睨みを利かすなど、特別の任務があった。この時の長崎奉行は成瀬因幡守正定で、交代の肥田豊後守頼常が到着したが、成瀬は帰府せずに、両名でロシア使節の対応にあたった。

(31) **そのたびごとに代わる新しい役人や通詞**　長崎には長崎奉行配下の役人の他、異国船の来航に備えて筑前、肥前、大村など近隣諸藩の聞役が配置されていた。「長崎志（続編）」によれば、幕府派遣の上使（検使）、役所家老西尾儀左衛門、勘定松田伊左衛門、代官高木作右衛門、町年寄高島四郎兵衛のほか、長崎奉行の命を各藩当局に伝達する多数の聞役の人物が登場する。ロシア使節の通訳に係った主要な長崎通詞は、通詞目付三島五郎助、通詞加福安次郎、石橋助左衛門、中山作三郎、名村多吉郎、今村金兵衛、本木庄左衛門、横山勝之丞、今村才右衛門、馬場為八郎ら。

(32) **日本皇帝の甥にあたる筑前侯**　この時の筑前福岡藩主は第十代斉清（1795-1851）わずか十歳。生誕の年に父斉隆が死去し、藩主を継いだ。斉清は一八二八年（安政十一）オランダ商館のジーボルトを訪ね、動植物、世界地理、文化風習などについて対話。また参勤交代の際に蒐集した押し葉標本をジーボルトに与えた。海防論や本草、鳥類にも関心を持ち、蘭癖大名の一人として知られる。

(33) **遊歩場所**（木鉢）　長崎の両奉行はレザーノフの上陸申請に対し、木鉢郷の人家から離れた浜辺に、三百坪余の場所を作り、竹矢来で囲み、腰掛場所、小屋を用意して上陸を許可することにした。その旨の報告書を幕府（柳生主膳正、中川飛驒守あて）に提出。「長崎志（続編）」巻十三之上（魯西亜船到港之部）には、木鉢魯西亜人小屋、百姓小屋、見送番所などの詳細な配置図が描かれている。

(34) **ねずみ島**〔鼠嶼〕　長崎港の入り口、天門峰の西南、高鉾島と小瀬戸との間にある島（現長崎市小瀬戸町）。初めの名は子角島。近世村人が畑を拓いたが鼠が多くて作物ができず、この名で呼ばれ、一

名皇后島、神功皇后足跡の地に由来するという。(「長崎名勝図絵」巻之三より)

(35) **この日送られてきた通詞** 本木庄左衛門(1767-1822) 江戸後期のオランダ通詞、蘭学者本木良永の長子、名は正栄。寛政八年(一七九六)から小通詞。オランダ商館ドゥーフから仏語、荷倉役ブロンホフから英語を学び、後に日本最初の英語辞書「諳厄利亜語林大成」、フランス語学書「払郎察辞範」を編纂した。他に「海岸砲術備要」などの著。蘭名 Gerrit van der Torren と称す。

(36) **梅が崎** 出島の東南東の対岸、唐人屋舗前波止場(現在の長崎バスターミナル付近)に近接した浜辺で、延宝八年(一六八〇)大村領との境、天神山のふもと長崎領十善寺村)に埋め立てられた築地で土蔵などがあった。隣接して唐人屋敷、唐船の修理場があった。ロシア使節の来航に際し、仮住居が設置されたが、これに関する日本側史料には「長崎志(続編)」巻十三之上に住居、食事所、煮焚所、蔵などの見取り図、番所、竹垣、菱垣、大村藩の出張警備などの詳細な配置図「梅崎假舘図」がある。

(37) **自殺を図った日本人** 「通航一覧」巻二百八十には、漂流民四名の健康状態や行状、自殺を図った太十郎について、御用医師池尻道潜、医師吉雄幸載、通詞および両奉行による報告がある。この事件をきっかけにして、それまで漂流民を幕府に直接引き渡したいとして、日本側からの受け取り希望を拒否していたレザーノフは、一転して早急に引き渡したい旨要望することになった。

(38) **レザーノフ使節の病気、日本人医師の診察** 「通航一覧」巻二百八十一には、「正月二三日、レザノットト疾病にて、日本医の療治を願ふ事再三なり、よて二医に誓詞せしめて診察すへき旨を命す」とあり、池尻道潜、篠田主膳の両医師が掛かるよう申し渡される。また、フリードリヒ少佐による診察願い書について「頃日使節病気相勝不申候に付、日本医師衆の療治請、日本薬相用、灸治等も仕度奉存候、依之何卒格別之御儀を以、御赦免被仰付被下度、重畳奉願候、魯西亜役人　マヨル　フリイデリツキ　右之通、横文字申口承り、和解仕差上申候、本木庄左衛門」とある。

（39）

この間の主な仕事　「通航一覧」巻二百八十には、長崎奉行の報告として、梅が崎の警固体制、住居の配置、毎日の食料調達など、さらに枝葉の記述として、ロシア人の生活ぶりを次のように記している。「滞留中、土地の景色を生写にせるもの夥敷出来たり、物の影を写せしは、誠に其容よく似せたり、これ着岸の頃、余程隔たりし高所より遠見したりし物を、此器に移して写せしとなり、（此器は和蘭にいふトンクルカームルといふものなるへし）、魚鳥草木の類、願の上追々館内へ入れて写真せり、或は図にとり、或は鳥杯は丸むきにして腹内へ別に物を納め、眼を入代え真に生物のことく作り成せるもあり、其中野鶏杯は、誠に飛動の勢に見えたり、館内に入りし物は、野菜の類迄もいちいち図をとり、夫々の名を聞、自らこれを唱え呼ひて見、其図傍らに記す、図なき品も、見聞次第悉く其名を書留む、一品一種も漏らすことなし、その中ランゾウ〔ラングスドルフ〕といふ医師、畫も出来、細工も極めて巧みなりき、言葉杯も諸国の辨に通し居る様子にて、此人の通辯にて多く事辯せし趣なり、・・・十二月中旬より、毎日医師見回、館外に駕籠すへ置けり、彼人いつの間にか、其駕籠の雛形を造れり、是は時々館内より外をのそき見て、形を写せりと見ゆ、これをみるに日本の駕に少しも違わす、皆々あきれたりき、・・・長崎湊潮の干満も気を付て見し様子なり、船中より上陸後にいたりても、誰一人空しく日を暮す者なく、或は測量用、或は書記、或は書画、或は細工、其務めに身を委して暫時も閑居せす、」

(40) **江戸から「大臣」が皇帝の回答を携え**　幕府の代表として派遣された目付、遠山金四郎景晋(1752-1837)「通航一覧」巻二百八十一には、「二月晦日、遠山金四郎御教諭書を携え長崎に参着す、(「長崎志」によれば二月二十五日着)是より奉行と魯西亜使節扱ひの御用を議す、其旨同年三月二日江戸に注進あり、文化二乙丑年二月二五日、今日遠山金四郎着崎、直に岩原え御奉行同道被相越、夫より同人立山え窺れ候、御用談其節如左持参之由、肥田氏方え被差置、一御教諭御書付一通、一奉行可申渡書付一通、一御奉書一通」とある。

(41) **相応しい儀式について取り仕切るよう命令**　「長崎志」(続編)巻十三之中には、遠山金四郎名で、幕府文書の申渡し、謁見の礼法、式次第、服装、ロシア使節の道中の道筋の清掃、飾りつけ、番人の配置、警固体制、漂流民の受け取り、など詳細な指示がなされている。

(42) **大波止**　「長崎志」(続編)では、「文禄ノ頃より船着の波止場に定め、石垣を築き地形を均し番所を建、寛永の初年に至り船手の町々より下役を出し、異国船船着の度々御奉行所に注進せしむ。」、波戸場の広さを「東西二十五間、南北二十四間、船着の石段上通り二十間、入江五間三尺長十四間」とある。「長崎志」に迦番所、役人詰所、高札場、鉄之石火矢玉などの詳細図がある。

（43）**大波止の上陸と行進**　「通航一覧」巻二百八十一には、文化二年三月六日、大波止上陸から奉行所（立山御役所）までの行列の詳細（日本人随従の船番、御当番方足軽、御役所付、紅毛通詞、町使、御当番方物頭騎馬の服装、およびロシア使節の随員の配列の詳細がある。また「長崎志」続編巻十三之中）にはその詳細を含め、波戸場から奉行所までの道筋、幕張、有来腰掛、肥前・筑前・大村の警固、横丁の配置と距離などを示した詳細図がある。（口絵F7および本文挿絵参照）

（44）**謁見の間**　「長崎志」（続編巻十三之上）に「御奉行所坐配図」には奉行所の門からの見取り図詳細、謁見の間での配置図「出坐（近習）、高木作衛門、（襖取迦シ）、家老一人、用人三人、使節、通詞一人随従、通詞二人、御小人目附四人、御普請役三人、手附四人、御勘定方三人、御徒士目附二人」などが描かれている。

（45）**「御教諭御書附」と「長崎奉行申渡」**　第二回ロシア使節に対する幕府の決定文書と長崎奉行が申し渡した最重要文書。「通航一覧」巻二百八十二に「文化二年三月七日、再び使節を呼出し、御教諭書及ひ奉行の諭書等読聞かせ、かれ承伏し畢りて、御目付よりもまた申渡しあり、時に真綿二千把ならひに米鹽を與ふ、（使節賜物を辞せし事再三なりしが、終に通事の示諭に従ふ、また出帆のため奉行の印書其外望の筋あり）」とある。また江戸から出張中の文豪大田南畝（蜀山人）は、使節の梅が崎上陸の翌日レザーノフと握手し屈託のない聡明な人物と評したが、南畝はこの日露会談にも臨席し、この文書の読み上げなど、その模様を書き記している。

(46) **挨拶と友好的な別れ** 「通航一覧」巻二百八十三に、「文化二年三月九日、使節レザノット奉行所に出て、滞船中の御手当及ひ今度の賜物を謝し奉り、畢て奉行より出帆の口達あり」、「一昨日被仰渡候旨奉畏候、且又私共不計永々滞船仕、日々食用之品々被下置候趣被仰、重畳難有奉存候得共、段々奉掛御世話候上、右品々頂戴可仕様は無御座候得共、辞退仕候而は、御国え奉対甚不敬之趣通詞衆より種々頂戴仕、帰国之上ケイズルへも具に申聞、忘却不仕奉存候、」など相互の挨拶の記述。

(47) **ラ・ペルーズ**（La Pérouse, Jean François Galaup de. 1741-1788） フランスの海軍士官、探検家。ルイ十六世にアジア東北岸の探検を命ぜられ、一七八五年ブレスト港を出帆、南米大陸を周航、太平洋を経てマカオに到着した後、日本海を縦断、間宮海峡の最狭部まで達し、宗谷海峡（ラ・ペルーズ海峡）を通過、アイヌ民族と接触、千島列島を探索した。その後南太平洋で消息を絶つ。

(48) **オランダ人** 日本の北方海域をヨーロッパ人として初めて調査をしたオランダ東インド会社の航海士・探検家ドゥ・フリース（Maerten Gerritsz de Vries. 1589-1647）による一六四三（寛永二〇）年の蝦夷、千島、樺太の航海調査。択捉島、得撫島を発見、沿岸の実測地図を作製した。

(49) **フヴォストフ中尉**（Николай Александрович Хвостов. 1776-1809） ロシア海軍の軍人。一七八六年海軍士官学校候補生、後に大尉。一八〇二年露米会社の武官に転任し、株主となる。レザーノフの指揮下露領アメリカを回航。日本からカムチャツカに戻ったレザーノフの命令により、一八〇六年サハリン南部クシュンコタンの日本拠点を襲撃、翌〇七年ダヴィドフとともにエトロフ島で南部・津軽両藩の守備隊と交戦。帰国後、一八〇八年に対スェーデン戦争で軍功を挙げたが、〇九年ペテルブルグのラングスドルフ宅での晩餐の後、帰宅途中にネヴァ川でダヴィドフとともに船から転落し溺死する。

(50) **秘密の遠征** 長崎からカムチャツカに戻ったレザーノフは露領アメリカを視察した後、一八〇六年対日通商の必要性を再認識し、武力を背景に通商を迫るべく、支配下の海軍士官フヴォストフとダヴィドフに樺太、択捉の日本の北方拠点を攻撃させた。いわゆる「文化露寇」事件。「通航一覧」巻二百八十四他、関係資料・文献多数あり。日本から略奪した品々の多くがロシア政府に渡り、現在サンクトペテルブルグの人類学・民族学博物館（クンストカーメラ）に収蔵されている。

(51) **パラス**（Peter Simon Pallas. 1741-1811） ドイツの博物学者。ベルリン、ハレ、ゲッティンゲンの各大学で自然科学、医学を学び、エカテリーナ二世に招かれて帝室学士院会員に推される。一七六八年～七四年シベリア探検を行い、ウラル、カスピ、アルタイから黒竜江に達し、多大な資料を蒐集して地質、動植物、歴史、民俗学に寄与した。

(52) **シェリホフ**（**Григорий Иванович Шелихов.** 1747-1795） ロシア帝国の毛皮商人、探検家。一七七五年からラッコなどの毛皮を求め、千島列島、アリューシャン列島の探検を開始。一七八三年から露領アメリカ、アラスカ沿岸を探検し、カジャク島に上陸してロシア人入植地を建設した。一七九五年に死去した後、レザーノフがその事業を引き継いで露米会社を設立する。

参考文献

・Bemerkungen auf einer Reise um dieWelt in den Jahren 1803 bis 1807. 1812 von G.H. von Langsorff. 1812. Friedrich Wilmans. 1812.

・Reisen in Nippon. Berichte deutscher Forscher des 17. Und 19. Jahrhunderts aus Japan. Verlag der Nation, Berlin, 1968. Georg Heinrich von Langsdorff. Reise nach Japan. Vor dem Hafen von Nagasaki. Aufenthalt in Megasaki.

・Voyages round the World. In the Years 1803, 1804, 1805, & 1806. By order of His Imperial Majesty Alexander the First, on Board the Ships Nadeshda and Neva, under the Command of Captain A.J. von Krusenstern. In two vols. & Atlas. London, John Murray, 1813. Reprinted Amsterdam, New York, 1968.

・Вокруг света с Крузенштерном. Сост. А.В.Крузенштерн, О..М Федорова. СПб. Крига, 2005.

・「クルウゼンシュテルン日本紀行」（羽仁五郎訳注　昭和六年　駿南社）

・「クルーゼンシュテルン世界周航図展　ロシア人が見た二〇〇年前の日本とその周辺」（一九九七年　放送大学図書館編集）

・「ラペルーズ世界周航記―日本近海編―（小林忠雄編訳　一九八八年　白水社）

・レザーノフ著「日本滞在日記」（大島幹雄訳　二〇〇〇年　岩波書店）

・Командор. Страницы жизни и деятельности Н.П.Резанова. Сост. Авдюков Ю.П. и др. Красноярск. 1995

・ニコライ・レザーノフ編著「露日辞書・露日会話帳」（田中継根編訳　二〇〇一年　東北大学東北アジア

研究センター叢書第二号）
・「環海異聞」（「江戸漂流記総集」第六巻　一九九三年　日本評論社）
・「ヅーフ日本回想録　フィッセル参府紀行」（斎藤阿具訳注　昭和一六年　奥川書房）
・「シーボルト江戸参府紀行」（呉秀三訳注　一九二八年　駿南社）
・「通航一覧」第七（巻之二百六十八〜巻之三百六）（大正二年九月　国書刊行会）
・「長崎実録大成」（田邊八右衛門編輯　丹羽漢吉・森永種夫校訂　昭和四八年）、「続長崎実録大成」
巻十三魯西亜船到港之部・附　漂流人送来之事（森永種夫校訂　昭和四九年　長崎文献社）
・大田南畝（蜀山人）「瓊浦遺佩」、「俄羅斯考」、「羅父風説」（「大田南畝全集」全二十巻　一九八五〜
二〇〇〇年　岩波書店）
・玉林晴朗「蜀山人の研究」（昭和十九年　中央公論社）
・亀井高孝「大黒屋光太夫」（昭和三九年　吉川弘文館）
・木崎良平「仙台漂民とレザノフ」（一九九七年　刀水書房）
・加藤九祚「初めて世界一周した日本人」（一九九三年　新潮社）
・外山幹夫「長崎奉行」（一九八八年　中央公論社）
・籏先好紀「長崎地役人総覧」（二〇一二年　長崎文献社）
・布袋厚「復元江戸時代の長崎」「長崎惣町復元図」（二〇〇九年　長崎文献社）

著者略年譜

一七七四年　ドイツ、ラインヘッセンの小さな町ヴェーレシュタインに生まれる。
一七九七年　ゲッティンゲン大学で医学博士号を取得。
一七九八年　ヴァルデックのクリスティアン公に随行してポルトガルの軍務に赴く。
一八〇一年　イギリスの予備軍の主任外科医として対スペイン方面作戦に同行。
一八〇三年　ドイツに帰国。途中ロンドン、パリを訪問。フランスの自然科学者たちと交流。
ペテルブルク帝国科学アカデミーの通信員となる。八月クルーゼンシュテルン世界周航隊に参加、コペンハーゲンから乗船。大西洋、ブラジルを航海。
一八〇四年　南太平洋マルキーズ諸島、ハワイ諸島を経由して、七月カムチャツカ到着。
九月ペトロパヴロフスクを出航、十月長崎に到着。翌年四月までの長崎滞在中自然科学調査、レザーノフ使節の通訳として長崎通詞、役人と折衝。
一八〇五年　四月日露会談（使節の長崎奉行・幕府代表との謁見）随行。
長崎出航後、日本海、蝦夷地、サハリンを航海して地理、自然、民族を調査。
六月カムチャツカに帰着。世界周航隊と別れ、レザーノフに従い、フヴォストフ、ダヴィドフらと露領アメリカ、アラスカ、カリフォルニアを探検・調査。
一八〇七年までカムチャツカに滞在、アリューシャン、オホーツク周辺を調査。

一八〇七年　カムチャツカを出発、オホーツクからヤクーツク、イルクーツクを経由してシベリア大陸を横断、この間動植物、鉱物、地理、民族などを調査。それまで蒐集した膨大な自然誌コレクションをペテルブルグに送る。

一八〇八年　三月ペテルブルグに帰還。帝国科学アカデミーの植物学の助手に就任。

一八一二年　帝国科学アカデミー動物学特別会員。
『世界各地の探検と旅行』（本書の原書ドイツ語版）を出版。

一八一三年　ブラジル、在リオデジャネイロのロシア領事に任命。リオの北方に農場を取得し、動植物、鉱物を蒐集。多くの自然科学者を招き、ブラジルの自然、地理、民族を探検調査。（膨大な蒐集記録はペテルブルグ人類学博物館、動物学博物館に収蔵）

一八三〇年　ヨーロッパに帰る。

一八五二年　フライブルクにて死去。

主要著作

・Nachrichten aus Lissabon über das weibliche Geschlecht, die Geburten und Entbindungskunst in Portugal. Lissabou, 1800.
・Bemerkungen auf einer Reise um die Welt in den Jahren 1803 bis 1807. Frankfurt, 1812.
・Kurze Bemerkungen über die Anwendung und Wirkung der Caincawurzel. Rio de Janeiro, 1827.

ラングスドルフ日本紀行の関連年表（西暦年月日はラングスドルフの記述に従う）

西暦		主要事項
1804. 9. 7		ナジェージダ号ペトロ・パヴロフスクを出港。
1804.9.27		アレクサンドル一世皇帝戴冠記念日を祝う（千島列島南の海上）
1804.10.1		九州南東海上で暴風雨に遭う。
1804.10.8	（文化元年九月五日）	長崎湾伊王島沖に着。検使行方覚左衛門、オランダ商館長ドゥーフ訪艦。「来航趣意書」「信牌写し」を渡す。翌日「国書」写しを渡す。
1804.10.9	（同九月六日）	ナジェージダ号を曳行してパッペンベルク（高鉾島）の西側に移動。
1804.10.10	（同九月七日）	長崎奉行成瀬因幡守、使節来航の報と「来航趣意書」を江戸に送る。
1804.10.12	（同九月九日）	新任の奉行肥田豊後守が長崎到着。以後両名で使節来航の事に対応。
1804.10.16	（同九月一三日）	停泊地を神崎沖へ移動。長崎奉行「国書写し」を江戸に送る。
1804.10.29	（同九月二六日）	木鉢浦に設置されたロシア人の遊歩場所（休憩所）に上陸。
1804.11.9	（同十月八日）	ナジェージダ号停泊地を太田尾に繋ぎ替え、修理が始まる。
1804.12.17	（同十一月一六日）	レザーノフ使節と随員、石巻若宮丸漂民、梅が崎の住居に入る。
1805.1.16	（同十二月一六日）	漂民太十郎自殺を図る。

1805.2.6（文化二年一月七日）ラングスドルフら熱気球を揚げ、長崎本籠町に落下して小火騒ぎ。

1805.3.24（同二月二四日）幕府宣諭使遠山金四郎長崎着。（二月晦日ともいわれる）

1805.4.4（同三月五日）レザーノフ使節梅が崎から船で大波止に上陸、長崎奉行所へ謁見。

1805.4.5（同三月六日）日露会談（幕府文書「御教諭御書附」と「長崎奉行申渡書」を示す。

1805.4.8（同三月八日）レザーノフ使節奉行所に挨拶、相互贈り物、漂民受領の件決定。

1805.4.9（同三月九日）若宮丸漂民受領、取り調べの後、揚がり屋に入る。

1805.4.17（同三月一八日）ナジェージダ号長崎港を出帆。日本海を経て蝦夷地・樺太へ。日本海対馬付近、山陰沖、男鹿半島付近を通過して津軽海峡、松前、奥尻島、天売・焼尻島、礼文島付近、宗谷まで航海。

1805.5.11（同四月一二日）宗谷に上陸、アイヌ・日本人役人と接触。

1805.5.13 樺太アニワ湾着、上陸しアイヌ・日本人と接触。

1805.5.16 アニワ湾を出発。サハリン北東部を航海調査、カムチャツカへ。

1805.6.6 ペトロ・パヴロフスクに帰着。

1805.6.26 ラングスドルフ、露米会社レザーノフの指揮下フヴォストフ、ダヴィドフらと露領アメリカ、アラスカ、カリフォルニアの探検調査のためにペトロ・パヴロフスクを出航。

ナジェージダ号の乗員名簿（長崎来航の八十一名）

		来航時年齢
・レザーノフ（ニコライ・ペトロヴィチ）	国務顧問官兼侍従、遣日使節	四一歳
・フォッセ（フョードル）	民政部参事官	三三歳
・フリードリヒ（エルモライ・カロル）	参謀本部付陸軍少佐	二四歳
・フョードロフ（イヴァン・イヴァノヴィチ）	カムチャツカ大隊所属陸軍大尉	二四歳
・コシェレフ（ドミトリー・イヴァノヴィチ）	陸軍中尉	二三歳
・ホルナー（ヨハン・カスパー）	天文学者	三十歳
・エスペンベルグ（カール）	医者・ナジェージダ号第一艦医	四二歳
・ティレジウス（ヴィルヘルム・ゴットフリート）	博物学者・画家	三五歳
・ラングスドルフ（ゲオルク・ハインリヒ）	博物学者、オランダ語通訳	二九歳
・シェメーリン	露米会社代表者	四九歳
・クルーゼンシュテルン（アダム・ヨハン）	海軍中佐・ナジェージダ号艦長	三四歳
・ラトマノフ（マカール・イヴァノヴィチ）	上級航海士・海軍大尉	二四歳
・ロンベルク（フョードル）	航海士・海軍中尉	二七歳
・ゴロヴァチョフ（ピョートル・T・）	海軍中尉	二七歳

・レーヴェンシュテルン（エルモライ）　海軍中尉　二七歳
・ビリングスハウゼン（ファディ）　海軍少尉・男爵　二五歳
・カーメンシチコフ（イヴァン・フィリポヴィチ）　ナジェージダ号第一舵手　四二歳
・コツェブー（オットー・Ｅ・）　陸軍幼年学校生徒・士官候補生　一六歳
・コツェブー（モーリッツ・Ｅ・）　陸軍幼年学校生徒・士官候補生　一五歳

・レザーノフ使節の武卒（八名　儀仗兵七名、鼓主一名）
・船方小役（二〇名　僧侶、書記、帆匠、大工、砲手、厨房など）
・水夫（三四名）

・仙台石巻若宮丸の漂民四名
儀兵衛（帰国時四四歳）、津太夫（同六一歳）、佐平（同四三歳）、太十郎（同三五歳）

訳者あとがき

「日本人とは、いかなる民族なのだろうか」長い苦難の航海を乗り越え、ようやく長崎の港に辿りついたラングスドルフは知識欲で胸をいっぱいに膨らませていた。かれはブラジルでおよそ二か月、南太平洋ヌクヒヴァ島で二週間滞在したが、その民族について特別に詳しい調査を行った。特にポリネシアでは住民のなかに深く立ち入り、社会制度や宗教、生活習慣から食人の風習に至るまで徹底的に観察したといえる。ところが強固な鎖国政策にあった日本での滞在は、はからずも長崎で六か月におよぶことになった。湾内での艦上生活が二か月、梅が崎での陸上生活は四か月近くであったが、竹矢来に囲まれた幽閉状態で、まったく町にでることも出来なかった。もしもその制限範囲がもう少し拡大されていたならば、相当詳しい描写をしたに違いない。例として、口絵にあるティレジウスやラングスドルフらが描いた日本人の描写を見てみると、間近に接触した通詞や役人の顔つきや姿は、見事に写実的だが、遠目にしか見られなかった散歩や遊覧船の女性たちは、まるでロシア人の顔、体形である。町人の姿もごくわずかしか描かれていない。観察欲、研究心に燃えた彼の視点に立った詳細な観察が不十分にしかできなかったことは、この書に描くことができた分量や内容からもうかがわれる。

不完全な習熟度ではあったが、ラングスドルフはオランダ語に通じ、長崎の通詞や役人との間の伝達にはかなりの役割を果たしたといえる。また長崎奉行所での日露会談の場にはロシア側通訳として謁見の場に臨んでいる。同じく交渉の当事者とは別に日本側の臨席者のなかに、幕府の支配勘定役として派遣されていた大田南畝がいた。かつて湯島での学問吟味でともに甲科及第主席合格であった御目付遠山景普は交渉主役の一人であった。南畝はこの会談の模様について、長崎奉行肥田豊後守が教諭文を読み上げ、その毅然とした態度と、あまり議論には加わらず見守っていた成瀬因幡守や遠山の厳然たる姿に、レザーノフ使節は全く恐れ入った様子で聞き入ったと評し、幕吏として眼前に日本の国威が示された有様を感動の涙で見守ったという。同じ場にいたラングスドルフは、使節団の落胆した気持ちには触れているものの、失敗に終わった通商交渉の場面を淡々と描いている。

長崎を後にした周航隊は五島、対馬、山陰沖を経て奥羽地方西岸、津軽海峡、蝦夷地西岸の航海調査を行い、宗谷と樺太南部に上陸してアイヌ民族を訪問することになった。宗谷ではクルーゼンシュテルンらと共に住民の実態を観察し、ラクスマンを知る日本人役人とも交流した。樺太南部では、艦長とは別動隊で上陸したラトマノフ中尉と行動し、より大規模な日本人開拓地を訪問し、日本人役人の招待を受けて滞日六か月にして初めて日本人と食事を共にしたと記している。特にアイヌの性格や生活実態、日本人商人の商売のやり方、役人の配置などの状況から、日本人によるアイヌの抑圧的支配について言及している。

カムチャツカに帰ったラングスドルフは、遣日使節の役目を終了したレザーノフの指揮下でアリューシャン、アラスカ、カリフォルニアの航海調査に参加する。そして北方諸民族の調査に精力的に取り組む。かれのこの地域における研究こそ、クルーゼンシュテルンの世界周航隊から離れて独自に行った、自他ともに認める科学的業績と言えよう。またこの航海で行動を共にしたフヴォストフ、ダヴィドフは、直後の一八〇六年に樺太南部の日本人居留地を襲撃し、さらに翌年エトロフの拠点を襲撃することになる（文化露寇事件）。かれらはロシアに帰国後の一八〇九年、ペテルブルグのラングスドルフの家での晩餐の後の帰り道、ネヴァ川に転落して溺死、またかつての上司レザーノフはすでに一八〇七年帰途のクラスノヤルスクで不慮の死をとげるという数奇な運命をたどる。こうしてロシア最初の世界周航調査隊と、漂流民を連れ帰る遣日通商使節を結びつけた旅行は、そこに登場した人々それぞれにその後の波乱に満ちた舞台をもたらした。

ラングスドルフは一八〇八年三月ペテルブルグに帰り、帝国科学アカデミーの植物学の助手に就任、一八一二年には動物学特別会員となった。そして本書の原書『世界各地の探検と旅行』（ドイツ語版）を出版する。さらに一八一三年にはブラジル在リオデジャネイロのロシア領事に任命されることになる。終生科学的研究の情熱に燃えていた彼は、リオの北方に農場を取得し、動植物、鉱物を蒐集し、多くの自然科学者を招いて自然、地理、民族を探検調査した。その膨大な蒐集記録はペテルブルグ人類学博物館、動物学博物館に収蔵されており、一九七九年にはブラジルでの研究成果に関する研究書がベルリンで刊行されている。

ラングスドルフの記述は、科学者らしく忠実で誇張が無く、また随行者という自由な立場からの観察という点で、客観的でありのままの記録と言えよう。訳者序で指摘したクルーゼンシュテルンの記録とレザーノフの日記とを合わせ読むことによって、ペリー艦隊による日本の開国にさかのぼる半世紀前に展開された日本とロシアの接触を、様々な人物の姿、視点から捉えることになり、その後の日本の進路を振り返る上での参考になるだろう。

訳者

訳者紹介

山本秀峰（やまもと　しゅうほう）

1948年栃木県生まれ。1971年早稲田大学政治経済学部卒業。外国図書関係の仕事に従事。現在翻訳及び出版に携わる。
翻訳にオールコック「富士登山と熱海の硫黄温泉訪問」（2010年刊）、オールコック「長崎から江戸へ」（2011年刊）、「富士山に登った外国人」（村野克明共訳　2012年刊）、「宣教師ウェストンの観た日本」（2014年刊）
「ラザフォード・オールコック　日本および日本人」（2015年刊）

ゲオルク・ハインリヒ・フォン・ラングスドルフ著
ラングスドルフ日本紀行
クルーゼンシュテルン世界周航・レザーノフ遣日使節随行記

2016年7月15日　初版第1刷発行

訳　者　山本秀峰
発行者　羽石康夫
発行所　露蘭堂
〒171-0021 東京都豊島区西池袋 2-25-10-807
Tel. & Fax : 03-6915-2057
http://www.ne.jp.asahi/books/rolando

発売元　（株）ナウカ出版営業部
〒354-0024 埼玉県富士見市鶴瀬東 2-18-32, 2-18
Tel. & Fax : 049-293-5565
http://www.naukapub.jp

印刷所　七月堂

ISBN 978-4-904059-56-2